空即是色

般若心経の世界

五井昌久

白光出版

著　者（1916〜1980）

著者の書

序文

「宗教は空《くう》になってはじめて始まる」とは五井先生よりよくお聞きした言葉である。

仏教の経典の中で、般若心経ほどあらゆる宗派の人々に膾炙《かいしゃ》されているお経はないであろう。それ故このお経の解説の本も、どの経典の解説より多く出ている。

このお経の中心をなしているのは空の思想である。空という心境は実際、空になった人でないとわからないもので、学問的に空を説いても無意味である。特に色即是空、空即是色と二つつづく色と空とがどう違うのか、という点になると、皆目不明となる。

五井先生は先に「空」を中心とした般若心経の解説と、空にいたるまでにいかにすればよいか、その方法を「新しい般若心経の解釈」で世に問うた。「空」の心境を自己の内に深く深くきわめられた先生は、聖ヶ丘道場のお話において、しばしばその真実と、その境地に至らなければならない意義を強調、そしてその境地にいたる方法を、われわれにつねに明示しておられた。

今日ここに、般若心経の中心テーマを空即是色一点にしぼり、只単なる言葉や文字の解釈ではなく、日常生活の中で空になる方法を語りつくして下さった講話を集めて、一冊の本とした。

空に関心を持ち、真実の宗教心の開示たる空の心境に至らんと精進される人々に、この書は絶好の指針となり、道標となり、刺戟となると信ずるものである。

平成六年一月

髙橋英雄

「般若心経」全文

摩訶《まか》般若《はんにゃ》波羅蜜《はらみつ》多心経《たしんぎょう》、これをつづめて、般若心経という経文は、わずか二百六十六字から成り立っています。これは、釈迦牟尼仏が、十大弟子の一人舎利弗《しゃりほつ》に対して、観世音菩薩が深い最高の統一に入って、正しい覚《さと》り、つまり正覚を得た宇宙観、人間観を説いたものです。

「観自在菩薩《かんじざいぼさつ》。行深般若波羅蜜多時《ぎょうじんはんにゃはらみったじ》。照見五蘊皆空《しょうけんごうんかいくう》。度一切苦厄《どいっさいくやく》。舎利子《しゃりし》。色不異空《しきふいくう》。空《くう》不異色《ふいしき》。色即是空《しきそくぜくう》。空即是色《くうそくぜしき》。受想行識《じゅそうぎょうしき》。亦復如是《やくぶにょぜ》。舎利子《しゃりし》。是諸法空相《ぜしょほうくうそう》。不生不滅《ふしょうふめつ》。不《ふ》垢不浄《くふじょう》。不増不減《ふぞうふげん》。是故空中無色《ぜこくうちゅうむしき》。無受想行識《むじゅそうぎょうしき》。無眼耳鼻舌身意《むげんにびぜつしんい》。無色声香味触法《むしきしょうこうみそくほう》。無眼《むげん》界《かい》。乃至無意識界《ないしむいしきかい》。無無明《むむみょう》。亦無無明尽《やくむむみょうじん》。乃至無老死《ないしむろうし》。亦無老死尽《やくむろうしじん》。無苦集滅道《むくしゅうめつどう》。無智亦《むちやく》無得《むとく》。以無所得故《いむしょとくこ》。菩提薩埵《ぼだいさつた》。依般若波羅蜜多故《えはんにゃはらみったこ》。心無罣礙《しんむけいげ》。無罣礙故《むけいげこ》。無有恐怖《むうくふ》。遠離《おんり》一切顛倒夢想《いっさいてんどうむそう》。究竟涅槃《くきょうねはん》。三世諸仏《さんぜしょぶつ》。依般若波羅蜜多故《えはんにゃはらみったこ》。得阿耨多羅三藐三菩提《とくあのくたらさんみゃくさんぼだい》。故知般《こちはん》若波羅蜜多《にゃはらみった》。是大神呪《ぜだいじんしゅ》。是大明呪《ぜだいみょうしゅ》。是無上呪《ぜむじょうしゅ》。是無等等呪《ぜむとうどうしゅ》。能除一切苦《のうじょいっさいく》。真実不虚《しんじつふこ》。故説《こせつ》般若波羅蜜多呪《はんにゃはらみったしゅ》。即説呪曰《そくせつしゅわつ》。羯諦《ぎゃてい》。羯諦《ぎゃてい》。波羅羯諦《はらぎゃてい》。波羅僧羯諦《はらそうぎゃてい》。菩提薩婆訶《ぼうじそわか》。般若心経《はんにゃしんぎょう》」

〈訓読文〉

「観自在菩薩《かんじざいぼさつ》、深般若波羅蜜多《じんはんにゃはらみった》を行《ぎょう》じし時《とき》、五蘊皆空《うんかいくう》なりと照見《しょうけん》して、一切《いっさい》の苦厄《くやく》を度《ど》したまえり。舎利子《しゃりし》よ、色《しき》は空《くう》に異《こと》ならず、空《くう》は色《しき》に異《こと》ならず、色《しき》は即《すなわ》ちこれ空《くう》、空《くう》は即《すなわ》ちこれ色《しき》なり。受想行識《じゅそうぎょうしき》もまたまたかくのごとし。舎利子《しゃりし》よ、この諸法《しょほう》は空相《くうそう》にして、生《しょう》ぜず、滅《めつ》せず、垢《あか》つかず、浄《きよ》からず、増《ま》さず、減《へ》らず。是《こ》の故《ゆえ》に空《くう》の中《なか》には色《しき》もなく、受《じゅ》も想《そう》も行《ぎょう》も識《しき》もなく、眼《げん》も耳《に》も鼻《び》も舌《ぜつ》も身《しん》も意《い》もなく、色《しき》も声《しょう》も香《こう》も味《み》も触《そく》も法《ほう》もなく、眼界《げんかい》もなく、乃至《ないし》意識界《いしきかい》もなし。無明《むみょう》もなく、また、無明《むみょう》の尽《つ》くることもなし。乃至《ないし》、老《ろう》も死《し》もなく、また、老《ろう》と死《し》の尽《つ》くることもなし。苦《く》も集《しゅう》も滅《めつ》も道《どう》もなく、智《ち》もなく、また、得《とく》もなし。得《う》る所《ところ》なきを以《もっ》ての故《ゆえ》に菩提薩埵《ぼだいさった》は、般若波羅蜜多《はんにゃはらみった》に依《よ》るが故《ゆえ》に心《こころ》に罣礙《けいげ》なし。罣礙《けいげ》なきが故《ゆえ》に恐怖《きょうふ》あることなく、一切《いっさい》の顛倒夢想《てんどうむそう》を遠離《おんり》して涅槃《ねはん》を究竟《くきょう》す。三世諸仏《さんぜしょぶつ》も般若波羅蜜多《はんにゃはらみった》に依《よ》るが故《ゆえ》に、阿耨多羅三藐三菩提《あのくたらさんみゃくさんぼだい》を得《え》たまえり。故《ゆえ》に知《し》るべし、般若波羅《はんにゃはら》蜜多《みった》はこれ大神呪《じんしゅ》なり、これ大明呪《だいみょうしゅ》なり、これ無上呪《むじょうしゅ》なり、これ無等等呪《むとうどうしゅ》なり。よく一切《いっさい》の苦《く》を除《のぞ》き、真実《しんじつ》にして虚《こ》ならず。故《ゆえ》に、般若波羅蜜多《はんにゃはらみった》の呪《しゅ》を説《と》く。即《すなわ》ち呪《しゅ》を説《と》いて曰《いわ》く。羯諦《ぎゃてい》、羯諦《ぎゃてい》、波羅羯諦《はらぎゃてい》、波羅僧羯諦《はらそうぎゃてい》、菩提薩婆訶《ぼじそわか》、般若心経《はんにゃしんぎょう》」

空即是色——般若心経の世界◉目　次

装丁――小山忠男

空即是色——般若心経の世界

一、空即是色の世界に生きられる

色即是空、空即是色について

今朝、テレビで有名なお坊さんが、般若心経のお話をしておりました。丁度「色即是空《しきそくぜくう》、空即是色《くうそくぜしき》」の解説でした。

ここは般若心経の中でも、一番大事な箇所です。般若心経というのは、簡単にいいますと、或る日、観世音菩薩《かんぜおんぼさつ》が深般若波羅蜜多《じんはんにゃはらみった》、つまり深い統一に入りました時の悟りの言葉なのです。というよりお釈迦さまの悟った言葉が般若心経という経文になっているわけです。仏教の一番の極意、根本思想が「色即是空、空即是色」という言葉で表現されています。

そこでそのお坊さんの話ですけれど、こんなことをいっておられました。

世の中の人間は、明日のいのちさえもわからない。自分もこの講義が終われば、自動車がお迎えに来て、自動車に乗って帰るのだけれど、明日のいのちはわからない。明日のいのちがわかっている人は一人もいない。自分のいのちが自分でわからない、というところから般若心経を説いているのです。明日のいのちが一人もわかっていない、というわけではありませんで、わかる人も随分あるわけです。

人間は自分がわかった範囲しかわからないわけでして、そのお坊さんは謙遜しているのでしょうけれど、自分がわからないから、誰も彼もわからないだろうといっているわけです。ですから、人の運命がわかったり、前途がわかったりすることは絶対にない、と思いこんでいる。そこで、明日のいのちも、一分一秒先のこともわからない、というわけです。

明日のいのちもわからない、ということは凡夫《ぼんぷ》なのです。凡夫の考え方から般若心経を説いているのだから、その真髄がわかるわけがない。

色《しき》は空《くう》に異《こと》ならず、空《くう》は色《しき》に異《こと》ならず、色即是空《しきそくぜくう》、空即是色《くうそくぜしき》という説明を、ふつうのお坊さんの説明は、色《しき》というのはあらわれている物のことです。それはみんな空《くう》なんだ。空と同じなのだ。その空というものは物と同じなんだ、だから空にして有《ゆう》なんだ、空は有なんだ、というのです。これは浅い浅い上《うわ》っ面《つら》の話です。

空というのは、仏教の極意の言葉でして、坐禅観法《ざぜんかんぽう》をするのは、空の心境になるためなのです。ところが空になることが実にむずかしい。食うや食わずで山に入り、滝などにあたったり、坐禅をくんだりするのだけれど、空にならない。空々寂々《くうくうじゃくじゃく》にならない。大体、空というものがわからない。空というものは、言葉にもいえなければ、摑《つか》むことも出来ない。その空が物と異ならない、と説明しているわけです。

私の説明では――

ここに現われているもの、例えば机というものは、無いところから出てくるわけなのです。

肉体の人間が生まれます。肉体の人間は両親があって生まれてくるわけですね。その両親はどこから出て来たかというと、それぞれの両親から出て来ている。そのまた両親はどこから出て来たかというと、それぞれの両親から出てくる。そうたどってゆくと、どこまでいってもはてがないわけです。すると一番最初はなんだったのか、無いところから生まれて来たということになるわけでしょう。空《くう》の中から生まれて来たとこういうわけです。空というものは何もないわけではない。私どもの考えでは空というものが実体があるわけなのです。仏教で説きますと空で、実体はないことになっている。空の中に無い。空の中にただ現われてくるものがあるような説明をしているわけです。

空というものを神《かみ》といってしまえば、話は簡単です。神さまから生まれて、神のいのちがここに流れてきて、みんなが生きている、みんな神の分《わけ》いのちだ、とこう簡単に説けますが、仏教では神という言葉をそういうように使わない。仏教では「神《じん》」といっています。霊魂のことを「神《じん》」と表現していまして、絶対なる神《かみ》というようには説いていない。そこでまた空にまでくるんだけれども、空から先がどうにも説明にならなくなってしまう。先がないのですよ。それで空《くう》の悟りに導くことがむずかしい。説いている人がほとんど空の悟りになっていないのだから、ましてや説かれている側が空になるわけがないのです。わからないんだから。

空というのはどういうことかといいますと、わかりやすくいうと、自分の想いが全くなくなってしまうこと。自我、自我欲望、個人という自分が全部なくなって、大我《たいが》、大生命、いわゆる大神さまの中に溶けこんでしまった人を空の人というのです。

空になってしまうと、今度は空の状態から生まれてくるもの、ものというのは、机というものもあるし、肉体もあります。そして、もの、あるいは出来事というものがはっきりわかってくるのです。この話は一番の極意の話だからむずかしいと思うけれど、きいて下さい。

宗教も信仰も何もなくて、ごく当たり前に生きている人、悟りも何もしない人の見ているもの、机でも、お米でも、人間でも、肉体でも、すべてのものというものと、空になってしまってから見るものというものは、同じ形でも内容が全然違うのです。

お坊さんや学者方はそういうことは説かない。それは自分がわからないから。ただ空《くう》になれ、という。空というのは何かといったら、自我欲望をなくすこと。そこまではいい。それから先の心境がわからない。祖師《そし》と呼ばれるような人はみんな知っています。大覚者という人も知っている。だけどふつうの生《なま》じっかのお坊さんでは、空の境地がわからないわけです。

だから空即是色《くうそくぜしき》と現われてくるものと、色即是空《しきそくぜくう》のものとは同じだから、唯物論者につっこまれちゃうわけです。「それなら、どうしたらそうなるんだ」「坐禅観法《ざぜんかんぽう》で、坐ればいい」「坐ってどうやって食ってゆくんだ。坐っていて食えるか」「いや立っていても、歩いていても、坐った境地になれ、常住坐臥《じょうじゅうざが》、空の心境になれ」てな、すれ違った問答になってしまう。

常住坐臥、歩いていても空の心境、坐っていても空の心境、仕事をしていても空の心境、などというようになれるためには、大変な修行があってもなれないのですよ。そこが一番大事なところ。なれないようなことをいくら説いてもだめです。この教えはよい教えだ、般若心経はいい教えだ、といわれたって、自分が出来ないようなことを説かれても、聞いたほうは、頭では成る程、成る程と思っても、実際には出来ないや、とやめてしまう。

法則の神と救済の神

そこで私がこれから徐々に説くのは、出来る方法なのです。

空になった人から見たもの、世界というものはどういうものか、これを先に説明しますと――

肉体があります。これは物質です。肉体は動物か神の子か。肉体的にみれば動物です。虎だって、犬だって猿だって、同じ組織になっている。肺もあり、腸もあり胃もある。そうすると、これは単なるもの、物質か、肉体か？　ふつうの宗教のない人の目から見れば、これは単なる肉体です。ところが本当にわかった人から見れば、肉体ではないのです。光の波と自我欲望のカルマというものがまざったものが、肉体に現われている。だんだん浄まり、悟りに近づけば近づく程、その肉体の波は光一元《ひかりいちげん》になってくる。しかしふつうの人は光の波と業想念《ごうそうねん》の波がまざって肉体となっている。

それが統一会などに来て、想いを神さまのほうに全部捧げてしまう。全部投げ入れてしまうと、神の大光明《だいこうみょう》のほうから光が流れて入って来て、知らない間に業想念をきれいに浄めてくれるものだから、統一（祈り）したあとなどは、光一元になって、きれいな心になり、きれいな魂になり、きれいな体になって帰るわけです。

しかし、今までの仏教の説法では、神さまは説けない。説けないで、ただ空《くう》までで止まってしまうから、あとがどうにもならない。空になることによって、自分の中の仏性、仏さまというものが現われてくるんだ、と説いていますね。自我欲望、小さい肉体の自分が自分ではないとわかってくると、本当の自分、本源の自分、仏さまが現われてくるんだよ、とお釈迦さまはそう説いているわけです。

何故、お釈迦さまは神さまということを説かなかったか？　お釈迦さまの頃には、迷信邪教がたくさんありまして、蛇などの爬虫類《はちゅうるい》とか他の動物とかを神さまにして、神さま神さまと拝んだような邪教がたくさんありまして、それはインドばかりではなく、どこにもあったわけです。そこで念力というものが出たりしたんです。そこでお釈迦さまは、いっぺん神さまというのをなくしてしまって、絶対者、要するに造物主という形も全部なくして、自分の中で自分の心で悟る方法を教えたのです。

自分自身が仏なんだ、神とはいわないけれど、要するに、神から来ているいのちなんだ。だからいのちを覆っている業《ごう》というもの——自分勝手な想い、自我欲望——をとりさえすれば、本当の自分が出てくるんだ、と教えて、他からくる神の力とかいうものを説かなかったわけです。だけどお釈迦さまは全部知っていた。毘沙門《びしゃもん》、帝釈天《たいしゃくてん》が守っている、とか、守護神のことはすべてお釈迦さまは説いていますね。守護神がみな守っている、ということを随分説いている。

お釈迦さまが何故絶対神を説かなかったか？　私からいわせれば、絶対神を説いてもなんにもならないからなのですよ。どういうことかというと、要するに法則の神、絶対者を説いても、その絶対者そのものが、そのまま法則にのって働いているんだから、絶対者さん！　て拝んだってどうしたって、実はそんなもの関係がないわけなのですよ。本当に人間を助けてくれるのは守護神です。守護神がついて、人間の運命を変えてくれるわけなのです。唯一絶対者が変えてくれるわけではない。唯一絶対者の大生命というのは、宇宙はじまって以来、地球界が出来て以来、決まった定まった通りに動いているわけなのです。一分一厘《いちぶいちりん》もまけがないのです。いいですか。宇宙の運行というのは、一分一厘《いちぶいちりん》まけがないのです。ズーッと決まったまま動いているのです。それをまけてごらんなさい。

或る時、月と太陽が相談した。太陽が神さまに「神さま、私は朝出るのがいやだから、夜にして下さい」月が「私はもう夜出るのはいやだから、たまには朝にして下さい」と頼んで、月と太陽が代わって出たなんて話はきいたことがないでしょう。片方で「雨を降らせたまえ、雨を降らせたまえ」と拝むかもしれない。片方は「天気にして下さい」って拝むかもしれない。念力の強いほうをきいたとすれば、決まったものがなくなってしまう。この宇宙の運行が乱れてしまうでしょ。そこで大神さまというのは、全然変わらない。法則のままで動いてゆくわけなんですよ。

そこで法則の神さまの法則を曲げるのではなくて、神さまの法則のまま、神さまのみ心のままに動いていれば、この人類は今のような不調和な状態、戦争が起こりそうな状態、天変地異が起こりそうな状態に、この世界は絶対にならなかったわけです。

ところが微妙な波動の神さまのみ心の中から生まれた人間は、はじめは微妙な実に微妙な波動で、こんな体ではなくて、霊身で、アメリカへ行こうと思えば、パッとアメリカに行く。どこへ行こうと思えば、パッと行けるようなそういう体だったわけです。それが地球界の肉体界という世界に、波動を緩慢《かんまん》にして、粗《あら》くして住みついたわけなのです。そうするといつの間にか、その粗雑な波になれてしまった。今でもこの世の人間は、たとえばいい着物を着て、いい家に住んでいた人があるとします。或る機会から、きたない生活になったとします。そこできたない生活になれてしまうと、ボロを着ていても平気になってくる。戦争中に、今まできれいな着物を着ていた人が、もんぺをはいて、きたないなりをした。それでみんながそうするから、みんな平気になって、きたないなりでも平気になってしまったでしょ。あれと同じように、本当は微妙な自由自在な体をもった人間なのだけれど、それが肉体界という、粗い波の中で地球界で生活しはじめて、それが長い間なれてしまうと、粗い波の地球のこういう物質の世界が本当の世界だと、だんだん習慣で思ってしまったりして、自分でもってだんだん自己限定をして、自分でもって、これっきり出来ないんだ、というふうにしてしまって、今の地球人間が出来てしまったのですからね。この地球世界では、自分と他人とは全然関係のない、つながりのない赤の他人なんですね。ところが元を正せば、いのちの世界では一つにつながった、いのちの分かれなんです。

空をわかるために

誰も彼も兄弟姉妹、物質の肉体が離れてしまったから、利害関係が対立しまして、他人も自分も、自分のことを守ることで精一杯。自分のことだけ守ることを考えてしまった。そのようになれてしまって、今の、この戦争が起こりそうな世界が出来てきているわけです。それを直さない限りは世界が平和にならない。そこを直そうとして働いているのは、宇宙神、絶対者、唯一神《ゆいいつしん》ではなくて、唯一神から分かれて、そういう役目を持たされた守護神なのです。

いつもいうけれど、一人一人に祖先の悟った霊の守護霊がいるし、神さまの分かれの生命、絶対者の分かれの光明の守護神がついていて、一人の人間を一生懸命守り、それから大勢をも守っているわけです。各守護神、守護霊が一つになって、世界人類を守ろうとしているのが救世《きゅうせ》の大光明《だいこうみょう》。いわゆるみんなが集まって人類を救済しようという神さまの愛念が、守護神の団体になって今、働いているわけなのです。

だから大神さまそのものが働いているという意味ではない。大神さまは片方としては大生命として、小生命、いろんな生命を与えてみんなを生かしている。決まった法則のままに生かしている。神さまがそのまま現われてくるまでは不完全ですね。その不完全を補うために、守護霊守護神というものが派遣されていて、手が足りないな、手助けをしてやろう、荷物が重いから持てないな、持ってやろう、として助けてくれているのです。それが守護霊守護神なのですね。ところが今の仏教者は守護霊守護神を説かないんです。あんまり説かないで、ただ「仏になれ」とか「空になれ」とか説くわけです。しかし、守護霊守護神の助けがなくて、空になどなれるわけがないのですよ。坐禅観法《ざぜんかんぼう》しても空になんかなれっこない。説いている人もなれっこない。

そこで本当の般若心経をわかるためにはどうしたらいいか、というと、やっぱり守護霊守護神の力を借りて、大般若《だいはんにゃ》という般若の智恵、神界の智恵の中に入らないうちは、この中は神の世界だということがわからないのです。そこに祈りが必要になってくるのです。その祈りというものを、お坊さん方は、お願いだと思っている。お祈りというと、家内安全、商売繁昌、どうかご利益がありますように、というのが祈りだと思っている。それはお願い事なのです。

本当の祈りというのは、いのちを宣言する、命《いのち》を宣《の》りだす、いのちをそのまま現わすということです。そこで祈りが必要なわけです。祈りはいろんな方法があるけれども、どうしたらよいかというと、私が一番初めに考えたのは、守護霊守護神さんに感謝する祈り〝守護霊守護神さん有難うございます〟だった。こっちは一日の三分の一は眠ってしまうのに、守護霊さん守護神さんは寝もやらず、必死になって守って下さっている。有難うございますという感謝です。これから私の宗教は始まっています。それからその感謝だけではなくて、もっと自分の想いを拡げて、世界人類のために、世界人類が平和でありますように、日本が平和でありますように、というような大愛、慈愛の想いにまでひろめるようにしたわけです。それで世界平和の祈りというのが出来上がったわけね。

自分が悪い、ダメだと、いい悪いとコチョコチョ思っているうちは、人間は心が開けないのだから、そういう想いを全部、守護霊守護神さんにまかせてしまって、大神さまの光の中に入れてしまうわけです。自分がだめだとか良いだとか思っているうちは、大神さまから外《はず》れているのです。心臓がちゃんとなんでもなく動いている間は、心臓のことは何も思わない。肺のことも思わない。なんにも思わないで働いています。結局、故障が出た時に、今日はどうかなって、思うわけでしょ。それと同じように自分が神さまのみ心のままに働いている時には、なんにも思わないですよね。スースー働いているわけです。ところがちょっと自分が間違った、法則に外れたりすると、どうかな、大丈夫かな？　大丈夫じゃないかな？　あいつは悪いかな、こいつは悪いか？　なんてだんだん思い出すわけでしょ。だから、自分がだめかな、とか悪いかな、とか思う心があるうちは、もう法則から外れているというのです。神さまのみ心の大慈愛の法則から外れているのです。

自分はいいかな、悪いかな、不平不満がある、いろんな批判がある時には、もう神さまのみ心から外れているんだから、その想いを守護霊さん守護神さん有難うございます、という心をもって、世界人類が平和でありますように、という大きな祈りをするわけです。そうすると、その想いが守護霊守護神さんの柱を通って、神さまの中に入ってゆくわけです。そこでちゃんと軌道に、神さまのみ心にのせてくれるわけです。こういうのが祈りなんで、それを私は大きな、世界平和の祈りという祈りにしてやっているわけなんですよ。

空即是色の真意

そこで話が前に戻りますけども、守護霊守護神さんにそうしてまかせて、自分の本体の中に入ってしまうと、さあ今度は何が出てくるかというと、自分が思いもしないのに、自然に物事が出来てくる。自分が考えもしないのに、パッといい智恵が出てくる。自分が書こうと思わないのに、スッといいものが書けてくる。いおうと思わないのに、いい言葉が出てくる——というふうに、自然法爾《じねんほうに》に、ひとりでに、神さまの智恵、自分の本心の能力が出てくる。そしていろんなことが出来る。それが空即是色なんです。

空《くう》になると（空になるってパッとなるんではない）守護霊守護神さんに助けていただく、力を借りて空になるのだけれども、そうすると、今度は、実在界の真の神さまのみ心の、本心の中から出てくる能力が、フルにあふれてくるのです。それで何をやっても、自然によくなってゆくようになってくるわけです。

私のやり方が悪い、向こうが悪い、これはダメだ、ああだこうだといっている想いで、ぐるぐる廻っているうちは、いつまでたってもぐるぐる廻っている。それを守護霊守護神の光にのって、神さまのみ心の中に入ってゆきますと、「ああ今日あっちへ行ってみたいな」と行く。そこでもって効果がある。今日はあそこへ行こうかな、スーッと行く。何気なく歩いている自分が、必要な人と会う、というふうに、自然に自然に、守護神さんが使って下さって、本体、本心の力をそこに現わしてくる。そうすると、それが空の状態と同じになりまして、空即是色の空から生まれてくる、光り輝く生き方、自分のためにもなり、相手のためにもなるような生活が自在に、そこから現われてくるのです。それが空即是色で、般若心経の極意なのです。

　お釈迦さまはそれを悟ったわけです。ところが今のお坊さん方はそれがわからなくて、今ここに現われているものも、空《くう》になってから現われたものも、同じように考えていて、みんな仮の姿、仮の姿だと、ただいうだけなのです。この世の中には、仮の姿の現われ、消えてゆく姿だけで現われてゆくものもあれば、実在界の姿がそのまま現われているものもある。それを般若心経で説いているわけなのです。皆さんは、世界平和の祈りをして、守護霊守護神に感謝さえしていれば、自分の想いがいつの間にかきれいに洗われて、空即是色の空の心境にいつの間にかなるわけです。

　空の心境というのは、いっぺんなったからいい、というものではなくて、空の奥の又《また》奥の、私が「老子《ろうし》」という詩にも書いてありますが、ズーッと奥の奥の、奥の空があるんですよ。どこまで行っても果てしないような空というものがあるのです。というのは、実在の姿、大神さまの姿というのは、神のみ心というのは、深くて深くて、入っても入っても入りきれない深さ、無限の悟りの段階があるわけです。だから面白い。私は悟った、これでいい、というのではないのです。悟っても悟っても、奥の奥があるような、そういう深いものが大神さまのみ心です。

それは深い深いものですよ。光の老子が私の霊体に入って来て、老子によく教わったけれども、老子の空《くう》なんていうものは物凄い。永遠の生命がそのまま流れているようなものですよ。言葉ではわからないし、説明できません。今、老子講義を書いてますが、その深い老子の心を皆さんにわからせるには、どう表現したらいいか苦心しています。

空の空の又《また》空の、その又空の又空の、というわけで、深い空があるのです。その空というのは、自我を滅却して滅却して、すべてを滅却する。ふつうの場合、自我を滅却するというと、社会のためとか国家のためとかとなるでしょう。愛国者という形になります。しかし国家のために尽くさなければならなくなると、今度は、敵が出てくる。そういう尽くし方ではまだ神のみ心に叶わない。世界平和の祈りによって、人類が地球世界が平和になるために、いのちを投げ出してやる。

宇宙人の世界、霊の世界

この太陽系宇宙の中に、金星なり、火星なり、他の星があります。またもっと上級の星があり、宇宙の平和があるわけです。その宇宙の向こうにまた宇宙があるのだから、そのまた向こうの宇宙の調和があるわけで、果てしなく宇宙はひろがっているわけです。

私たちが働いている中で、太陽系宇宙の中で、今、金星が一番すぐれているんです。まぎれもなく、金星には素晴らしい人が住んでいる。この地球人類と、格段の相違のある人が住んでいる。悟りを開いた人たち、仏陀やキリストのような人たちばかりが住んでいるのです。それより上はないと思いますね。ところが、金星よりも、またもっと素晴らしい星がありまして、金星にいろんな資料を送って来たりしています。そのまたもっと上のところがある。果てしなくひろがってゆく、素晴らしい宇宙なんですよ。だからどこまで偉くなってもいいんですから、皆さんは有難いですよね。どこまで行っても止まるところはありません。

こうやってみていますと、この世界には、まだ神さまということも、なんにもわからないでいる人間が生きている。生まれて七十、八十になって死んでしまう。それでおしまい。一寸も疑問を起こさない人がいますね。生まれて食べて、働いて、死んじゃうわけですよ。「何?　霊魂?　神さまなんかいらないや、そんなもの。ふつうに食べて生活していればいいじゃないか」っていう人がたくさんいる。そういう人が年をとって、七十になり八十になり、サア心細くなってくる。若い者たちに、早くじいさん、ばあさん死なないかって、こういわれてしまう。みんなからは嫌われ、それで自分は行くところがわからない。そしてそのままおしまいになってしまう。肉体に執着して、死にたくない、死にたくない、とやっている。若いうちを全然無駄に過ごして来たから、最期になると苦しみます。

こういう人たちがどれだけいるかわからないんですよ。私たちが話をしても「霊魂?バカな、そんなもの」なんていう。バカなっていったって、自分で知りもしないで、バカもへったくれもないでしょ。

私はいつもいうんだけれども、バカな、と否定していえることは、自分が全部、世界中をくまなく見て歩いてなら〝ない〟と否定も出来るかもしれませんが、自分が日本のはしっこにいるだけで、宇宙人がいないとか、霊魂がないとか、自分がなんにも探してみないで〝無い〟なんていうことは、これは実に非科学性であって、バカのバカの大馬鹿の骨頂なんですよ(笑)。あるというのは、その人が実際に見たんだから、他の人が無い無いといったって、その人にとってはあるのでしょう。それは否定できません。

霊魂なんてない、昔の話だ、などという人をみると、私は可哀想だと思う。死ぬ時は騒ぐだろう。死んでから、なんにもない野原を自分一人でふらふら歩いて、どこまで行っても自分の行き先がないのだから。本当に唯物論者の死んだ先は哀れですよ。いい行ないをして、いい人であったとしても、守護霊守護神と離れているのですから、無いと否定し切っているから、現われないのです。自分だけで野原を歩いている。行けども行けども野っ原、林の中、田んぼの中、なんにもない。そういうところばかり歩いてゆくのですから。それでこりてこりて、はじめて助けを呼ぶ。そして最低の線から修行させられるのです。

守護霊守護神はピッタリついている

守護霊守護神さん、あるいは神さまにつながっていると、亡くなる時はスーッと自分の魂の行くべき所へ行くのです。守護霊守護神（大体、守護神）がお前のゆく所はここだ、と連れていって、自分の安住の地を定めてくれるのです。定めてくれて、サア修行なら修行が始まる。始まっても、いつでも帰る所はこういう所だという安心があるわけです。だから一生懸命働いて、この修行を終えるとそこに帰れるわけですね。

だから、この統一会で一度ズーッと上に上ってゆく。神界へ一遍上ってしまいますと、たとえば亡くなってから、霊界でいろいろ修行をしても、行く先はちゃんと神界にあるのです。だからここで統一して、或る境涯に来ますと、それから先は下《さが》らないのです。だから安心立命が出来るのです。

皆さんのように、守護霊守護神を呼んで世界平和の祈りをいつもして、守護霊さん守護神さん有難うございます、と思っていますと、想いは守護霊守護神にピッタリつながっていますから、いつでも守っていますから。守護霊に守られているんだから、守護霊に感謝しながら、現われてくる病気とか不幸とかは、それは本心を早く顕し、真実の人間に早くするための病気であり、不幸であり、貧乏なんですよ。これによって、業《ごう》が消えてゆくんだな、これによってますます私はよくなるんだな、守護霊さん守護神さん有難うございます、というように感謝するんです。そうすると、傷が少なくて早く済むのですよ、と私がいっているわけです。

私は断言します。守護霊守護神はピッタリくっついています。私には形で見れば形で見えます。波で見れば光の波に見えます。一人の人にふつうは守護霊が三人必ずついていま す。それから守護神がついています。だから守護霊さん守護神さん、と呼んでいれば、必ず守られます。呼ばなくたって守られています。けれど呼ばないと守られにくいのです。想いが離れていますから。だから、守護霊なんかいない、守護神なんかいない、なんていう人には、守りたくても守りようがない。

唯物論者や神さまも何も思わないで成功している人があるでしょ。あれはどういうことかというと、自分自身が前生で徳を積んでいるからなのです。人を救ったり、お金をみんなに撒《ま》いたり、随分徳を積んでいるから、その徳が減ってなくなってしまうまでは、いい加減なことをしながらも立派になっているわけです。ところが徳がなくなってしまうと、一度にペタンコになってしまいます。それは守護霊守護神の加護でやっているんではないからです。

一方、今生でもって働けど働けど我が暮し楽にならざり、というように、働いても働いてもなんにも残らない。人のために尽くしても少しも喜ばれない、という人は、過去世において徳を撒かなかったんです。それがめぐって来て、借金を返すように、いくらやっても楽にならないんです。しかし、借金を返し終わってしまえば、あるいは、人のために尽くしつづけていれば、やがてスーッと入ってくる。お金ばかりではありません。物でもなんでも入ってくる。

だから、自分の前に現われてくる、どんな病気も不幸も苦難も、これはみんな過去世の消えてゆく姿で、今、本心を守護神さんがどんどん現わしてくれているんだ、有難うございます、と素直に思っていることが大事なんです。皆さんは本当に幸せだと思う。みんな守られていることがわかっている。ところが唯物論者、無神論者の人は守られていることは全然知らないんですよ。自分だけで生きていると思っている。だから困るのです。調子のいい時はいいですよ。調子の悪い時はどうしていいかわからなくなる。守られていることがわからないんだから。それはとんでもないこと。自分一人で何が出来るか。いつだって守護霊守護神がやっていてくれるんです。

それがわかっていることが、一番大事なことです。世界平和の祈りと共に、いつも守護の神霊に感謝すること。これを欠かさずやらなければいけない。

（昭和37年6月17日）

二、空の極意

把われをはなすために

今日は次のような質問が来ていますので、これに答えながら、お話をすすめましょう。

「或るお坊さんの般若心経解説の中に〝肉体は虚無をはなれない。虚無は肉体をはなれない。肉体はそのまま虚無であり、虚無はそのまま肉体である……すべてが虚無だということは、それ等が生ずるものでもなく、滅するものでもなく、汚れもせず、浄くもならず、増しもせず減りもせん、ということである。だから虚無の世界では肉体もなく感覚も想念も、意欲も自由もない……従ってかつて経験した世界もない。盲目的本能もなければ、本能の尽きることもない。また老死もなければ、老死の尽きることもない。苦悩もなければ安心もない。安心もなければ修行もない。知ることもなければ得るべきこともない。本来何ものもないからである。真理を求める上種《じょうず》はこのような徹底した智恵によって、心にこだわりがない。こだわりがないから恐怖がない。恐怖がないからあらゆる迷妄邪悪な観念からはなれて、永遠にして静寂なる境地が得られるのである〟と説いていらっしゃるけれど、先生の解説をお願いします。

それからこのように説かれた人は、この世を去ってからどういう世界に行くのか、またこのように説かれた人に従った人たちの死後の世界はどういう所でしょうか」

という質問ですが、みなさんも般若心経というのはご存知でしょうけれど、般若というのは深い智恵、大智恵という意味です。ですから般若心経というのは深い智恵の本当の教えというのです。お釈迦さまが観世音菩薩の形になって説いていらっしゃるんです。それには何が書いてあるかというと、ナイナイづくしなんです。

悩みもなければ、悩みを生ずることもない。肉体もなければ、肉体の生ずることもない。

あらゆることの現われはすべてないのだ、とすべて、無い、無いなのです。今の質問の中では虚無と書いていていますが、そういうように普通のお坊さんは説くわけです。ナイナイづくしになりますから、仏教をやっている人とか、お坊さんの中には虚無主義の人が多いです。すべてこの世は仮の姿で、無いとか虚無なんだとかいうと、何する気力もなくなってしまう、目的がなくなってしまう。無目的、虚無ですね。そういうふうに説きますと、生きている張り合いもなければ、何もなくなってしまう。

無だ、虚無だといわれて、ハッと思って悟りに入る人は滅多にあるもんじゃなくて、今度は虚無に把《とら》われてしまって、ないものなら何をしてもかまわない、どうしたっていい、ああ生きていくのは面倒くさい、なんて自殺したりする形になっていきやすいのです。ところがお釈迦さまはそういう説き方をしたのではないのです。

人間の想いから把われをはなすために説いているわけです。この現われている姿は、五官に現われている肉体も事柄も、想いもすべてそれは本当のものではない。仮の姿である。いわゆる虚から生まれた無である。むなしい所から生まれているのだから、それはないのだ、ないものに把われていることはない。色は即ち空である。空は即ち色である、と普通説きます。けれど私はそう説いていない。

どういうふうに説くかというと、ここに（現象界に）現われているものは色というのです。そして色はものと解釈するわけです。そこで色即是空というのは、現われている五官で見えているものは一遍空《いっぺんくう》にしないと、空と断じ切らないと、本当のものが現われてこない。だから目に見えるもの、耳に聞こえるもの、鼻にかぐもの、すべてこの世に現われているものは空なんだ。そして空だと断じ切った時、はじめて本当の光り輝くものが現われる。五官に感じられ、六感に感じられるものはすべて空なんだ、それに把われてはいけない。あるものではなく、あるように見えていて、空なんだ、と空と断ちきって、それに把われなくなると、空の奥に神仏の実体があるので、空から本当のものが現われてくる。空から現われてくるものが本当の光であり実体なのだ、そこで色即是空、空即是色と並べてあるわけです。五官六感に現われている色（ものごと）を空と断ちきって、空になったところから今度は実体の光即ち色が現われてくる。こういうことで、同じことなら、何も二つ並べることはないのです。

単なる虚無の中に光明はない

ところがお坊さんは、ここに現われている姿、形も事柄も空なんだ、虚無なんだ、そして虚無は即ち物であり、現われである、とこう説くのですね。これではなんのことを説いているかわかりゃしません。把われを放すことよりも、何も生きてゆく意義がなくなってしまう。生きてゆく意義もなくなれば、目的もなくなれば、何のために生きているのか、何のために人間があるんだかサッパリわからない。

虚無なんだからなんでも虚無なんですね。そういうふうに説いていますと、実相がないんだから、実体がないんだから、みんな虚無から出ているんだから、虚無が現われて形の姿をしているだけですから、すべてがそういうことになります。

肉体がなくなって、霊界へ行った時には何もないのです。真っ暗な虚無の中を、虚無のあらしが吹きすさんでいる。虚無といったって実際はあるでしょ。あるんですよ、実際は。

そこで何が現われてくるかというと、虚無、光のない闇がそこに現われてくるんです。だから闇の中をトボトボ虚無だ、ないんだ、何もないんだ、虚無虚無って歩いている。のまず食わずで歩いている。のむものも食うものも何もない所を歩くようになるんです。だからそれを本当だと思って教わった人は、みんなお師匠さんのさ迷っている世界へついて行ってしまうわけです。虚無の世界、まっくらな闇の世界へついてゆくより仕方がない。

　そういう教え方をすることは、お釈迦さまのみ心に反すること甚だしい。そういうのをものを知らないのに知っているふりをする、自らを智者と思っている愚者というんです。知らなければ知らないでいいのです。知ったふりをした学者、お坊さんというのは一番先に地獄へ落ちる。

　色即是空、空即是色も形に現われていることだけを説くから、結局虚無になって、この世は何もないんだ、肉体もなければ何もない何もない、ないないといっているのです。何もない、と思うものがそこにあるじゃないですか。思わせるものがあります。生命もあります。それをただないないといっただけでは、なんにもなければどうしようもないでしょ。

そういうことをお釈迦さまほどの智恵者が説くわけがない。

この世界には永遠の生命が神界から霊界を通して、この肉体界に現われている。ところが肉体界に現われるまでに、私がいつもいうように、霊界もあれば幽界もある。幽界というのは光明波動と暗黒波動が両方混合している所なのです。それが肉体に現われてくるわけ。だから肉体というのは玉石混淆して、生命の実体もあれば、仮の姿の肉体人間が幽体の想いで作った想念波動の世界もあって、まざっている。ですから玉石混淆の汚れた石のほう、肉体人間が作ったほうのすべてをなくせばいいわけです。

しかし、なくせといってもむずかしい。それだけでは困るから、選り分けることです。そこで私たちは、玉石混淆をそのまま消えてゆく姿として、世界平和の祈りで神さまのみ心の中に入れてしまうわけです。神さまのみ心の中で自然に分けてもらって、汚いものは消してもらっていい光だけ出てくるようにするわけです。

般若心経の真理

本当の教えというのは、ナイナイづくしではなくて、神さまは光り輝く大光明であって、大光明波動の分生命《わけいのち》が人間であるというのです。しかし肉体の人間というのは、神の分生命であるということを忘れてしまって、幽体あるいは肉体で作った想いの中で生きているのです。想いの中で生きている。その想いというものは無いというわけです。しかし無いといったって、実際問題として肉体が現われてあるんだから、想いがないといったって、想いはやっぱり現われている。だから無いのではなくて、現われている。現われているんであって、実体ではないわけです。だから、現われているものは、現われて消えてゆく姿なのです。

そこで、その現われている肉体のほうに、あるいは肉体から発生した出来事に、すべて把われないで、把われたら把われたでいいから、消えてゆく姿にして祈り心の中に入れてしまいなさい、と私は説いているのです。そうすると入れかわって実体だけは残ってくる。

生命の実体だけがそこに残って、いわゆる空即是色になるわけです。

色即是空の色は虚無である。形のある現われているものはみんな虚無である、これはいいですね。だからそれに把われてはいけない。虚無と思ったらそこにまた把われるわけですよ。だから把われたら把われたでいい。それは消えてゆく姿として平和の祈りの実体の中に入れます。そうすると、実体のほうは神さまそのものだから、入れてしまえば虚無を取っちゃうんだから、空即是色になる。空の中から現われてくるものが本当の人間であり、本当の光である。実体が現われてくるんだとお釈迦さまは説いているわけです。

それを仏教学者というのは、みんな色即是空も空即是色もまぜて、虚無なんだ、ないんだ、ここに現われているというもの、色というものはないんだ、とただそれだけなのです。ないんだ、なんてそんな無責任なことはない。それなら、殺したって無いんだから、何にもないものなら殺されたって何したって悪いことはないでしょ。人殺しがどうして悪いのか、なんにもない虚無ならば殺したってなんだって、虚無じゃないか。虚無だ無だと説いている坊さんを殺したって、虚無ではなんにも悪くない。ないのだから、殺したこともない。そういうことになるわけです。そんなバカなことをいって、この世に通用するわけではない。それは間違えて伝えているだけなのです。

この世の罪や悪や間違った想念所業は要するに神さま、仏さまから現われて来ているものではなくて、肉体人間が勝手に作ったものなんです。だからそれは実体の中にはない。しかし無いっていっても分からないから、一度現われの世界に座を下して、一応そういうものを認めて、認めると同時に過去世の因縁の消えてゆく姿として、神さまの中へ入れてしまいなさい、と私はすすめているわけです。そして祈りの中から、神さまと直通して神さまの光だけを間断なくつぎこんでおくと、間違った肉体人間の想いのほうはどんどん消えてしまう。それが本当の色即是空、空即是色なんです。般若心経の真理は色即是空、空即是色を明らかに説きあかすことにあるのです。

体で知ることが大切

質問のお坊さんのように、そういう真理がわかっていないで、色即是空も空即是色も同じにして、虚無だ虚無だ、ないんだ無いんだとやっているのです。そういうお坊さんたちが霊界へ行ってごらんなさい、みんな闇夜の中をさぐって歩かなければならなくなります。したがってそのお坊さんたちについていった人も同じようになってしまいます。

日本の或る有名な博士がいました。学問の深い人で、非常に物のわかった哲学者で哲学界では相当な人です。その人は、茶碗がここにあると、これは寂滅の世界から来ているのか、寂滅が茶碗を生むのか、茶碗が寂滅を生むのか、とか、見るものと見られるものとが、どうのこうのというように、種々と哲学的に説くのですが、それが常に、現われの自己の頭脳智で説いているだけで、本当のことがわかっていないから、ぐるぐる茶碗の周りをまわっている。真理の周りをまわっているだけなのです。ですからいまだに悟ってはいませんん。あちらの世界へ行っていらっしゃるのに悟っていない。相当に有名な学者でも悟っている人は少ないです。実際に行なっているお百姓のおじいさんおばあさんのほうが悟って、学問的に深いように説いている坊さんや学者という方々が悟っていないのです。

頭でわかったような気がしている。それから先に進もうとしない。とびこんでいかない。

本当に霊界や神界のわかった人の話をきかない。ただわかったような気がしているだけなのです。そういう人たちは死んでからあわてる。だからうちあたりへ来ていらっしゃるお坊さんとか神官の方などは偉いのです。みんな自分はここまで来た、これ以上は本当に体験した人に教わろう、というような謙虚な気持ちで来ているでしょう。ですからそういう方々はぐんぐん伸びていきます。

今までの学問につけ加えて、本当のことがわかるわけです。学問の文字からうけただけのものでもって人に説くのは、あまり感心したことではありません。小智才覚になってしまう。それそのものが空を知らないことなのです。学問で有名だからその人は偉いのではないのです。たくさん本を著《あら》わしているから偉いのでもない。内容が問題なのです。本当にわかった人の書いたものと、わからない人の書いたものとでは全然違います。

老子の本でも随分いろいろな本が出ています。この間も手紙が来ていました。自分はもう宗教を何十年もやり、老子もいろんな講義で読んでいる。しかし、みんな註釈文のようで胸を本当に打つものがなかった。ところが五井先生の書いた『老子講義』を読んだら、ビシッと胸を打たれて、本当にこの人はわかっているな、ということがよくわかった。有難い、という手紙が来ています。そういう手紙がチョイチョイ来ます。相当やった人がみんなわかる。何故わかるのかというと、私が神界や霊界を知っています。その知ったことをそのまま説くのだからわかるわけです。

赤をみせて、これが赤ですよ、といえばみんな赤だとわかります。それを紫を持ってきて、赤ですよ赤ですよ、といったって、紫に見えるけれど、オレの目の錯覚だろうか、と思って本当に信じませんね。そういうもので本当のことをいえば胸にピンとひびくのです。ですから神界なら神界、霊界なら霊界を本当にわかった人が説くことがほんとうの教えであって、神のみ心がわからない人が説いたのでは、かえって道を外させてしまうことになります。

霊障というもの

もう一つの質問「霊障《れいしょう》の病いと長いこといわれてきましたが、どういうものなのでしょうか」という問いに答えましょう。

霊障というのは、迷った想念が肉体にかかり、おぶさっている状態をいうのです。余計に荷物（迷った人の想い）を背負ったようで、そこだけ重いわけです。それが頭に来れば頭が変になるでしょう。肺へ来れば肺病になるでしょう、というようにさわっている。それが霊障というのです。

どうしてそのようなことがあるかというと、永遠の生命《いのち》などない、死んだ後の世界などあるものか、人間は肉体があるうちが生きているので、肉体がなくなれば死んでしまうのだ、無になるのだ、死んだ者に魂などあるものか、と思って死にます。要するに、いかにも仏教を説いているようだけれど、そういう人は唯物論者で、実は何も知らない、本当のことは何も知らない人が死にますと、死んだら生命《いのち》がないと思っているのに、実際に生命があるでしょう。想いが返ってくるのだから。そうするとああ俺は死ななかったのかと思うわけです。じゃ生きかえったのかナと思う。けれどもう肉体はないわけです。幽体があるけれど肉体はない。だから体は肉体感覚とは違うわけです。なんだかしっかりしないいんだナ。そうすると思い出すのはどこかというと、自分が昔住んでいた所とか、親しい人とかを思い出すのです。それでスーッと親しい人の所へ来るわけです。自分の妻なり夫なり、子孫なりの所へ来るのです。そして一緒にくっついてしまうわけです。くっつかれた人は重くなってしまう。そういうのが何人もあれば大変です。重態になるわけです。

私たちがそれを見ますと、ああ誰々がいるな、というので気合をかけたり、柏手を打ったりして浄めるわけです。ところが執念深く何十年来もついているのは、一遍や二遍ではとれない。うっかりとると、その人まであの世へ逝《い》ってしまうことになるのです。だから少しずつ少しずつはなし浄めてゆくのです。新しくついたものなら、パッと浄まります。そういうものなんですよ。

あの世のためにもなる生き方

だから私はよくいうのです。この肉体に生きている間は何もしなくてもいいから、あの世へ行ってまで人の世話かけるな。あの世へ行ってまで世話かけるのが一番いけないことです。この世でなんにもしなくていいから、せめてあの世にも生命《いのち》があるんだナ、死んでも生命があるんだナ、という気持ちをもって、守護霊さん守護神さんにすがっていなさい、というのです。

守護霊さん守護神さんにすがっていれば、何事もしないどころではなくて、すがっていることそのものが、この世に存在する意義があるわけです。守護霊守護神につながっているような人は、何かしら人のためにしなければいられないのです。自然に人に親切にしたり、ニコニコしたり、ああなんて感じのいい人だナって思われて、この世の中に、やわらかい雰囲気、温かい明るい神さまのみ心をふりまいてゆくわけですから、人のため、世のためになっているわけです。

おじいさんおばあさん、あるいは病人で何か事柄としては出来ない人もありましょう。そういう人たちは、一生懸命守護霊守護神にすがりながら平和の祈りをしていれば、平和の祈りをしていること、守護霊守護神に感謝していることそのままがこの世のためになり、あの世のためになるわけです。だからそういう生き方をしなさい、と私は説くわけです。

真理の追求と現世利益

大体私がこの世に出て来たのは、むずかしい昔の教えをみんな易しくして、わかりやすく行ないやすくしようと思ってなのです。宗教には二通りあるのですよ。真理を知らせて、永遠の生命を知らせる教えもあるし、現象利益で、病気を治したり貧乏を直したりするほうばかりに片寄っているものとあるのです。

この世の中では嘘をいわなければならない人もあるし、真理としては真っ直ぐにいかなければならないのに、真っ直ぐいけないこともあるでしょう。例えば、嫌いな人が隣家に住んでいるとします。嫌で嫌でしようがなくても、会いたくなくてしようがなくとも「今日は」と挨拶されたら「今日は」といわなければならない。話をしたくなくとも、話しかけてこられれば話をしなければならない。そうすると嫌だ嫌だと思うのが内にたまります。これは毒素となります。だけれども隣の人に会って、知らん顔して逃げちゃうわけにはいかないでしょ。そのように、この世の中は自分の思うままにいかないのです。自分の思うままにいかない世の中で、しかも心が明るく心が正しく生きることはむずかしいです。

別の例をとれば、人間は神の大生命から分かれた分生命《わけいのち》である、だからみんな同じ立場で同じように生きなければいけないと思います。自分の家はお金がある、隣の家はとても貧乏だ、食うのがヤットコサとすると、平等にしなければならないといって、半分ずつにして貧乏の人と同じになって暮すかといったって、そんなことは実際に出来ない。自分に縁のある人には親戚でも、弟でも妹でも、持てるものは平均してやるのが神のみ心かもしれない。しかし実際問題として、同じように分けろ、といったって不可能でしょ。

夫が分けようとしても妻が勿体ない、子供がそんなこと、といって止めるにきまっている。夫なら夫が悟ってみんなに分けてやろうと思っていても、妻が惜しがって止めることは必定《ひつじょう》です。そうすると家庭に不和が起こって、神のみ心は調和であるのが、家庭内にイザコザが起こってしまう。そのようにこの世の中では真理をそのまま実行することは出来ないのです。そのように出来ている。

下着をとるものがあったら上着をも与えよ、右の頰を打つ者があったら左の頰も出せ、というイエスの教えがあります。それは無抵抗の教えで真理の教えです。しかし実際には出来ない。真理をそのまま実行することが出来ないと結局、みんな偽善者になってしまう。表面的にはいかにもやっているような顔をして、神さま有難うとやっているけれど、実際の行ないとしてはやっていないわけです。だから精神的には常に良心と現実が葛藤しているわけです。だからいつまでたっても悟れるようにならない、生命《いのち》が自由にならない。それではいけません。

また他方、現世利益のほうになりますと、病気を治すために神さまに頼む。貧乏を直すために頼む、そうすると実際にお金がもうかるかもしれない。病気が治るかもしれない。しかし、いつも誰かに頼って、心がずるいことばかり考えているわけです。永遠の生命を出すのではなくて、何かいつも御利益だけを貰いにいく、御利益のために神さまを信仰してゆく。そういう打算的になるわけです。これは唯物論と同じこと。

現世利益ばかり願っているということは、魂が立派にならないことです。生命《いのち》の力が増さないのです。いつもうまい汁を吸おうとしている。その場その場ではいいかもしれないけども、その人の魂の面から見れば、マイナスになり、やがて必ずそれを返さなければならない時が来るのです。例えば自分が一つのものしか得られない因縁を持っているとする。それを神さま（守護の神霊ではない、幽界の生物が応援してやってくれる）に頼んで10貫ったとすると、9というものは自分のものではない。借りなのです。借金ですから、いつか必ず返さなければならない。一遍に取られるかもしれない。そういうことをしていたのでは、自分の生命《いのち》が自由に生きられない。いつも借金して生きているようなものです。だからそういう教えも半端だということになります。

真理の教えも行なえて現世利益も出てくる

私はどういうことを考えたかというと、本当の真理の教えもそのまま行なえ、しかも知らない間に御利益もある、ということを教えなければならないと思った。さんざんたずねたあげく、私のやったことは何かというと〝己が幸願う想いも朝夕の世界平和の祈り言《のごと》の中〟という歌にもありますように、自分が本当に幸せになりたいと思ったら、世界人類の幸せを願うのが一番いいんだ、世界人類の幸せの中には自分も入っているんですから、自分の幸せを願うなら世界人類の幸せを先に祈りなさい。そうすると人のために尽くしたわけですから、世界人類の平和のために自分の想いを捧げたわけだから、その想いは返ってくるのだ。だから与えよさらば与えられん、で先に自分から与えて、世界人類が平和でありますようにと願うと、自分のほうに返ってくる。

返ってくるものは何かというと、それは借金ではなくて、自分が働いた報酬として病気も治り、貧乏も直って返ってくるわけです。まず与える。与えるといってもお金を誰に与えていいかわからない。だから、祈り心を与えなさい、世界人類に祈り心の奉仕をしなさい。世界人類が平和でありますように、と祈った時には、自分がそれだけ奉仕したことになる。自分がそれだけ働いたことになる。天の蔵に宝を積んだことになる。やがてその宝が自分に必ず返ってくる。

繰り返すけれども、自分が幸せになろうと思えば、世界の平和を願いなさい。祈りなさい。そうすれば自分が幸せになると同時に、その祈り心が世界平和のためにもなる。ということは自分が意義ある生き方が出来るわけです。そうすると現世利益も出てくるわけです。世界平和を願うという広い人類愛の心だから、それは真理が現われている。それでいてしかも自分の利益にもなる。

それに加える方法として、いやなことや悪いこと、自分の悪い想い人の悪い想いも、すべて過去世の間違った想いの消えてゆく姿であって、消えてゆくに従っていいものが現われてくるんだから、一日も早く消えるようにと願いながら、世界平和の祈りの中に入れてゆくと、祈りの中に入れたことによって、自分の業《ごう》が消えると同時に、世界のためになる光が地球上に自分の体を通してふりまかれる。だから自分もいいんだし、世界人類にもいいんだ、しかも深い真理も自然にわかってくる。こんなに簡単でやさしくって、しかも真理を教えながら現世利益もあるという一挙両得の教えはない、と説いているわけです。物質面も恵まれてくるし、心の問題としても心がとても豊かに明るくなり、勇気が出てくるというふうに私は説いているわけです。

それは私が神界霊界の素晴らしい姿も、幽界の姿も肉体の姿も知っているし、貧乏な生活の人も知っているし、金持ちの生活も知っているから、いくらでも自由に説けるわけです。ところがただ学問だけで説いている人は、学問のことしかわからない。キリスト教の牧師ならキリスト教しかわからない。聖書によらなければ救われない、キリスト教に入らなければ救われない、他は一切駄目。そんなことをいったら仏教の人はどうなる、マホメット教の人はどうなる、他の人は救われませんよ。キリスト教だけに入れ、といったってそれは無理なのです。

この世の因縁因果がありまして、キリスト教にはどうしても入れない人もある、また仏教に入れない人もある。ところが世界平和を祈るということに入れない人はない。世界人類が平和でありますように、と想わない人はない。何教であろうとそれは思えるわけです。そこで私は消えてゆく姿で平和の祈りを説いたのです。これが即ち色即是空、空即是色なのです。自分が悟ろうとして昇ってゆく姿、自分がよくなろうとして昇ってゆく姿と、人々を救おうという姿とが一つの祈りの中で、一つに統合されて実現されていくのです。それが世界平和の祈りなのです。

（昭和42年11月2日）

三、なぜ顚倒夢想なのか？

般若心経の極意

肉体の人間が病気をして苦しんでいる。病気をする、貧乏をする、不幸だ、というのも本当は夢、幻《まぼろし》なのです。般若心経では、顚倒夢想《てんどうむそう》していっています。ひっくりかえっている、逆《さか》さまの想いをしていることが、この世の姿なんだというのです。

つまり真実のことを逆さまに見ているために、この世が不幸であり、生老病死に恐れをなして、死ぬことが恐ろしい、病気になること、貧乏になること、不幸になることはみな恐ろしいんです。ところが、それは逆さまの想いであり、夢のような想いなのです。これがわかった人が〝悟った人〟というわけです。

なぜ夢のような想いであり、逆《さか》さまの想いであるかというと、いつも私がいうように、人間というのは、本体が神さまの分霊《わけみたま》なのです。そして神さまというのは完全円満なのです。完全円満なる神さまの分けられた命《いのち》なんだから、真実からいうと、本当の姿には不幸や病気や貧乏や不調和なものがあるわけがないのです。あるわけがないのに、この世の中にはある。しかしそれは妄想《もうそう》、夢想《むそう》です。逆さに思っているわけなのです。

本当は、人間は地上に生きているわけではないのです。地上でこうやって生きている。肉体の中に入って、いいだの悪いだの、不幸だの幸福だのといっている姿は、本当は過去の波が写って来ているだけなのです。もうフィルムにとって、今、映写機でスクリーンに写しているところなのです。

それが病気だったり、不幸だったり、あのヤロウ妬《ねた》ましい、恨めしい、という姿なのです。今、スクリーンに写し出されているけれど、それは今の姿ではなくして、過去の誤った想い、自分が神さまから来ているんだと思わなかった想い、自分は神さまの分け命《いのち》である、という真理がわからなかった過去の想いが現われているのです。

ですから、今たとえ、どんな大病をしていようとも、どんな貧乏をしていようとも、どんな不幸な姿でいようとも、それはあなた方の病気でもなければ、あなた方の貧乏でもなければ、あなた方の不幸でもないんですよ。これがわからないといけない。これは般若心経の極意なのです。

それはどういうことかというと、今のあなたのものではない、ということです。昔の、神さまから離れていた時の間違った想いが、波のように現われているだけなのです。今のあなた方は世界平和の祈りをしている。〝世界人類が平和でありますように〟という、神さまのみ心の中に入っているわけです。神さまのみ心の中に入っている想いというのは、病んでいる想いでもなければ、不幸な想いでもなければ、貧乏な想いでもないのです。

今日はここのところを十分に話しましょう。

今思っている姿は今のことなのです。だから、

〝世界人類が平和でありますように

日本が平和でありますように
私たちの天命が完《まつと》うされますように
守護霊様守護神様有難うございます〟
と祈っている姿は、神さまのみ心の中に入っている想いです。神さまのみ心の中に入っているということは、神さまは完全円満な大智恵、大光明なのだから、そこに不幸や不完全があるわけがない、ということです。

それなのにお祈りしながら、かつ「不幸になりゃしないか、天変地異が来やしないか、嵐はどうか、子供はどうか、貧乏はどうか」とまだ思う。その想いは今の自分の想いのような気がしますね。ところがそれは、今の自分の想いではなくて、過去の波が今、頭の中を通りすぎてゆくだけなんです。本当にあるんではないのです。過去あるいは過去世にあったもの。そのあったものが頭の中を通りすぎてゆくだけなんです。

それが消えてゆく姿なのです。みんな本当のものではないから、消えてゆく姿なんです。本当のものは消えないのです。

本当のものというのは、神さまのいのちなのであり、神さまの分霊《わけみたま》であり、完全円満で、みんなが愛語《あいご》し、みんなが楽しんで、みんなが明るく、なんにも悪いことを考えないで生きられる人間が、本当の人間なのです。

それなのに、今の常識の考え方というのは、悪も不幸も貧乏もみんなあるように思い、敵があるように思っている。そう現実の姿として見えますが、それは本当の姿ではなく、消えてゆく姿なのです。過去世において、神さまから離れていた想いが「敵がある」とか「自分を守らなけりゃならない」とかいろいろ思って、積もり積もり重なった想いが、幽体に刻《きざ》みこまれていて、その波が自分の頭の中に現われてくるだけなのです。そしてそれは現われれば消えてしまうのです。必ず消えてしまうのだから、ある時間だけ現われているだけなのです。

ところが人間はそういう不幸、病気、戦争というものは実際にあるもんだと思っている。しかしそれは実際にあるのではなくて、ちょうどスクリーンに映っている映画のようなものので、映してしまえば消えてゆく姿なのです。けれど映してから消えたのでは大変でしょ。

それも大戦争や大天変地異があってから消えたのでは、肉体世界はなくなります。そこで神さまが守護神を遣《つか》わしているんです。

救世《きゆうせ》の大光明《だいこうみよう》となって、大神さまがこの人類を救おうと思って、過去において間違った想いを積み重ねた、幽界の姿を消してしまおうと思って、大救世主という名で大光明という神々の強い光が、今地上界に働きかけているんです。その一つというか、本当をいえば全体の働きなのだけれども、その働きが世界平和の祈りなのです。それを私たちは祈っているわけです。

だから世界平和の祈りをすれば、どんな悪いものが現われてこようと、大したこともなく消えていってしまうのです。

ましてあなた方はもう守護霊さん、守護神さんのことはわかっている。世界平和の祈りのこともわかっている。そのわかった人たちが一生懸命やってさえいれば、自分の運命というものは勿論のこと、世界人類の悪い業《ごう》というものも消えてしまうのです。

何故消えてゆくかというと、それは真実にあるものではなく、夢幻《ゆめまぼろし》だからです。しかし夢《ゆめ》、幻《まぼろし》だといってもわからないから、それはそのままにしておいて、奥のほうに入って、神さまのみ心に入って〝世界人類が平和でありますように〟と祈るのです。これさえやっていればいいいんです。この世の現象は、勝手に好きな時に消えてゆくのです。顚倒夢想《てんどうむそう》、あるいは無明《むみよう》といいますが、仏教では、この人類が不幸になったのは無明からだ、無明が始まりなんだ、というのです。

無明を破る方法

無明というのは何かというと、明《あ》かりがない、闇《やみ》という意味です。明かりがないから不幸になったというわけです。その明かりはどこから来るかというと、神さまの中から来るのです。

その無明を破る方法は何かというと、神さまの中へ入る、大光明の中へ入るより仕方がないわけです。それを大光明の中に入らないで、三界《さんがい》（迷いの世界）の無明の中にいて、顚倒妄想《てんどうもうぞう》した逆さの想いの中にいて、良いとか悪いとかいっている。今までの修養とか宗教とかいうのは、みんな三界の中に入ったままなのです。

「お前の心が悪いから」といえば、それは三界です。無明《むみょう》の中です。「お前の心が悪いから、直さなきゃだめだ」「お前が夫を拝まないからだめだ」「夫が妻を拝まないからだめだ」「夫を立ててないからだめだ」と〝……だからだめだ〟という叱り文句、小言、〝こうしなければならない〟というやり方、修養は、やらないよりはいいに決まっているけれど、逆の場合もずいぶんある。それはあくまでも顚倒夢想《てんどうむそう》した人間を、実在とみて、迷いのある、不幸のある、悪い心を持っている人間、悩みを持っている人間を、そのまま実在だとみて、「お前が悪いからこうしなきゃいけない」「ぶつぶついうからおできが出来た」「その家にいたくないから痔が悪くなった」ということになる。

三界という迷いの中で教えているわけですが、迷いの中でいくら教えてもだめなのです。迷いの中で、心をよくしようと思ったってよくならないんです。一段や二段は上ります。しかし天上界までは上れません。何故かというと、いつも業《ごう》を追いかけ業に追いかけられるからです。

深い深い闇の中で、小さなローソクの灯《ひ》ぐらいをつけたって、向こうのほうは見えやしません。懐中電灯の灯でも見えません。太陽のような明るい光が届かなければ、すっかりは見えませんし、闇《やみ》はとけません。太陽が出れば闇は全部とけてしまいます。

ローソクや電灯の灯ぐらいでは、そこだけは明るいかもしれないけれど、他は明るくない。その上、電灯はきれることもある。ローソクは消えることもある。いくら修養して、一生懸命ローソクをつけても、ローソクはだんだん消えていって、やがてなくなってしまう。つまり限度があります。

消えない光とは何かというと、太陽の光です。太陽は消えません。曇ったって、雲の向こうで光っています。ですから、太陽の光にならなければだめなんです。そうしなければ、世の中は救われないし、自分たちも救われないのです。

いつも太陽のように輝いていなければ、自分もこの世も救われないのです。それを今までの人は、太陽のように光らせないで、ローソクのような灯をちょっとつけてみたり、電灯を一つつけてみたりして「これが悟りだ、こういうふうにしなければいけない」というのです。つまり、「お前の心が悪いから、よくしなければいけない」「お前は妬《ねた》みがあるから妬みを直さなければだめだ」「恨《うら》み心を捨てなければだめだ」とか「恐れる心があるから、恐れるものはみな来るから、お前は不幸になる」といわれます。

すると逆になって、気の弱い善人という人は「私は恐れる心があるから、不幸が来るに決まっている」「私はどうやっても恨み心がとれないから、だめな人間だ」「私は短気でしようがない。ああ一生だめなんだ」というようになってしまうのです。皆さんも経験があるでしょ。

そういう教え方は、三界《さんがい》の顚倒夢想《てんどうむそう》した、逆《さか》さまの想いの中の、業《ごう》の中のやり方であって、それでは救いにはならない、と私はいうのです。これは私がさんざんやってきた末の発言です。

ではどうしたらいいかというと、そういう三界のだめだ、だめだという想いは、みんな消えてゆく姿なんだ。人間は神の子で、完全円満なる分霊《わけみたま》なんだから、悪いことがありようがない。病気なんかありようがない、不幸なんかありようがない、貧乏なんかありようがない、妬み心も恨み心もありようがないんだ。あるというのは、今あるのではなく、今〝神さま！〟と思っている自分にあるのではなくて、前の世、前の世からの想いがたまって、今出ているのです。借金したものを、今借金を返しているんだ。返しさえすれば減《へ》ってゆくわけです。返すということはどうすることかというと、神さまの中へ入ってゆくことです。そうすると神さまが返してくれるのです。

「守護霊さん守護神さん、世界人類が平和でありますように」とやっていると、神さまのほうから、光明というお金が降ってきて、借金をどんどん返してくれる。

そういう教えを私はするわけです。

信仰心が深いということは

自分の心の限度の中に入っていて、自分の常識の中へ入っていて、この三界《さんがい》の苦しみに満ち、戦いに満ちている、争いに満ちている、不調和に満ちている想いの中に入っていて、いくらその中で、いいとか悪いとかいって、ぐるぐる廻っていても、解決にはならない。

「私は隣の人に何かやった。貧しい人にちょっとお金をやった。だから私はいい人間だ」なんていうのは、人を助けたのだから、何もやらないよりはいいけれども、そんなのは小《しょう》善《ぜん》というのです。

いい人、と自分で思いこんでいる人がある。「自分は生まれてこの方、悪いことをしたことがない」という人がいます。「私はいい人間なんだ。仏さまも拝むし、神さまも拝む、いい人間なんだ。それなのにうちの嫁はなんという人だろう。お膳《ぜん》もろくに片づけない。年中外へ出てばかりいる」こういう姑《しゅうとめ》はたくさんいます。自分だけ偉くて、自分だけ信仰深くて、自分だけいいんです。そして他の人はみんな自分より偉くないように思っています。

こういう人はずい分います。これはとんでもないことです。肉体の自分というものが、いいと思っている想い、悪いことをしたことがないと思っている想いは、もうすでに悪いのです。高慢の一番始末《しまつ》におえない想いなんです。こういう想いを持っていると、どうしても相対的にものを見る。あまり頭のよさそうな、よく出来る姑《しゅうとめ》さんのいる所へは、お嫁に行かないほうがよろしい（笑）。やれ雑巾のしぼり方が悪いだの、やれほうきの持ち方が悪いだの、それこそ箸《はし》の上げ下ろしにまで文句をいう人がいる。自分が一番いいと思っているんだから、他人《ひと》が悪く見えてしようがないのです。他人が悪く見えて、他人にいちいち小言を言うようなその心が、もう高慢でだめなのです。

人間はみな平等なのです。生命《いのち》において、みんな平等なのだから、肉体の人間が相手の肉体の人間に小言をいえるわけがない。姑《しゅうとめ》さんだから、お母さんだからといって、嫁さんや娘さんに文句を言えるわけがないのです。文句を言うのは、神さまのみ心において、神さまがいわなければならない。神さまがいわない以上は、人間が文句を言えた義理じゃないのです。自分だって悪いのだから。それを自分が一番いいと思っている。

「私は神さまも拝んでます。仏さまも拝んでます。成田山へも行きます。お不動さまへも行きます」というのですが、成田山へ行こうが、お不動さんへ行こうが、そんなことは問題ではない。自分で自分を慰めているだけなんですから。自分の心を慰めているだけの信仰などだめです。それは信仰でもなんでもない。それなのに「私は信仰しているから」

とか「お前は神も仏もわからないじゃないか。私は信仰していい人間なんだ」といって、お嫁さんをいじめたりするのがずい分あります。自分がよくてお前はだめだ、という想いがもうすでに、神さまのみ心ではないのです。

その一番肝心なところがわからないのです。人をさげすむという一番悪い想いを持ちながら、自分は信仰が深いと思っている。それは間違いです。耳の痛い人もあるかもしれないけれど、本当なのです。人をさげすむ心があって、信仰が深いと思ったら、とんでもないことです。

本当の信仰が深いというのは、神のみ心において、みんなを崇《あが》めるという状態です。神の子としてみんなを崇める心がない以上は、戦争は絶えませんし、喧嘩も絶えません。「私は信仰が深いけれど、あれは信仰がないから……」というのは嘘です。そういう心は高慢な心です。それは神のみ心からみれば、みんな消えてゆく姿なのです。自分より信仰が浅そうに見える人、自分よりだめに見える人、自分より貧乏な人、不幸な人、みんなそれは消えてゆく姿なのです。

もし自分が、他人を恨む心もなければ、貧乏でもない。金も相当にある、地位もある、病気もしない人であれば、「ああ本当に私は有難いなァ」と思って、神さまに感謝しながら、みんなの幸福も祈ってやればいい。そういうふうになれば、それは神の子です。神の子が現われたわけなんです。

「自分は相手より偉いんだ」「自分は誰よりもいいんだ」というような想いがあったら、その想いだけ消しなさい。いいも悪いもありゃしない。それは消えてゆく姿です。本当に悟った人というのは、神の子というのは、いいも悪いもありません。「あいつはバカで、おれは利口だ」なんて思っていません。

たとえば「あいつはだめだな」と瞬間的に思う時があったら、「ああ、それは消えてゆく姿だな。あの人は神さまの子が今現われてないんだから、現われるように、どうか守護霊さんお願いします」と何故、祈ってやらないのかと思う。そういうように祈らなければいけないのです。

業のくらべっこ

ところが今までの宗教からゆくと、そのように出来ない。悪いものを見るからです。意地の悪い奴、いやなヤロウというのは消えてゆく姿です。「あいつよりオレの方がいい。あいつはだめだ」それも消えてゆく姿です。そう思いがちです。いい人でもたいがい較《くら》べてみます。他人と自分を較べてみるのは、業《ごう》の較べっこをしているんです。業なんて較べたって同じことです。大して違わない。

そんなことではない。業というのは、みんな消えてゆく姿で、実際には無いのです。あるものは神さまの子としての兄弟姉妹なのです。人間は互いに神さまの子としての兄弟姉妹、という心にならない以上は、地球界は終わりです。と一口にいうけれど、これはなかなかむずかしいことです。

「先生にああ言われたけれど、まだあの人をよく思えないんです。私はよっぽど悪い人間で、業が深いんですね」と思うからね。それも消えてゆく姿なんだけれども、そう思いがちなのです。そこで私はそう思わせないように「人を恨む心がある、人をさげすむ心がある、しかしその心も消えてゆく姿なんだ」と教えているのです。

相手をいつも「いやな奴だな、あいつ。先生に言われたから、いい奴に思おうと思うけれど、やっぱりいやな奴だ」と思うことがありますね。そこで「いやな奴だな、消えてゆく姿だ、世界人類が平和でありますように」とやるんです。あるいは「あのバカヤロウが、世界人類が平和でありますように」と思って、バカヤロウと思い、いやな奴だと思い、蹴《け》とばしてやろうかと思う、想いを持ったままでいいから、世界人類の平和を祈る祈りのほうにひっくりかえるのです。

初めはなかなかむずかしい。だんだんやっていると、いやな奴も何もなくなっちゃって、ただ気の毒だとか、あの人が立派になりますように、という祈りが自然に湧いてくるのです。そうなればしめたものです。それは菩薩行ですから、菩薩になるのです。信仰もそこまでいきませんとね。

おしん粉屋《こや》の新香《しんこ》と同じです。お新香だけじゃ栄養にならないでしょ。もっと栄養価の高いものを食べなければいけない。新香ばかり食わせるのが新興宗教（笑）そうでもないけど。私は新香ばかり食わせないで、ご馳走も食べさせようとしているんです。神さまの大光明のご馳走を。それが世界平和の祈りなんです。

だから少しぐらい善いことをしたって、威張ることもなければ、悪いことをしたって嘆くこともないのです。もし悪いことをしたとすれば、それは過去世の因縁が悪いことをしたことによって、消えてしまったのです。だから、あッしまった、悪いことをしてしまった、申し訳ない、と「申し訳ない」と思わなければだめです。

それを「これはいいことを覚えた。先生がみんな消えてゆく姿だと教えてくれた」というわけで、隣の家の物を盗んで来ちゃって「お前どうしたんだ」「これは消えてゆく姿だ」（笑）。しかし、これは消えてゆきません。何故かというと、悪いということを認めていないからです。消えてゆく姿を認めてないからです。

悪いことをして、また再び悪いことをするということは、消さないでまた悪いことを持って来たわけだから、だんだん積み重なってしまうのです。「悪いことは消えてゆく姿」

というのは、「再びしない」ということなのです。

たとえば間違って、青酸カリを飲んでしまったとします。そして助かったとします。さて再び青酸カリを飲みますか？　死ぬつもりでなければ飲まないです。何故かというと、青酸カリは毒だということがわかっているからです。悪い想い、悪い行ないは毒なのです。毒であることがわかった人が、菩薩《ぼさつ》の道へ入る人なのです。

消えてゆく姿ということは、この現象世界に現われてくる、すべてのことにあてはまることで、善、悪ともに消えてゆくのです。そしてあとに何があるかというと、神さまの絶対善。相対的な善ではなく、絶対的な善がそこに現われてくるのです。だから善も消えてゆく姿なのです。

善も、いいことも消えたということでないと「私は去年も一昨年《おととし》もいいことばかりだった。今年もよくて、昨日までいいことをしたんだから、たまに悪いことをしても、プラスマイナスで減《へ》りはしないだろう」なんて、うっかりすると思う。それではだめなんです。

たとえば、去年うんと商売して儲かったから、今年は休もうか、ということはないでしよ。儲ける仕事はいつも儲けていなければ、マイナスになってしまいます。それと同じように、昨日やろうが、おとといやろうが、どんないいことをしようと、今日悪いことをすれば、それが全部ひっくりかえって悪いことになってしまうのです。そこで私がいうのは「いいことも悪いことも、みんな現われては消えてゆく姿なんだ」ということです。

常住坐臥の祈りを

悪いものも現われなければ消えないとすると、これも大変です。どれだけ悪いことがあるかわからないですから。

「現われれば消えるというけれど、先生、私は今後どれだけ現われるんですか」と聞きに来る人もあります。それは現われる前に消すのです。幽界で消す方法が一番いい。肉体界に現われないうちに消す方法です。それはどうしたらいいかというと、世界平和の祈りを常住坐臥《じょうじゅうざが》、ねても起きても、便所へ行っても、顔を洗っていても、電車の中でも、どこでもいいから、いつも声を出して〝世界人類が平和でありますように〟とやらなくていいから、心の中に、いっぱいしみこむように、世界平和の祈りをやっていることです。

やっていると、肉体界に現われるものも、幽界で消えてしまうのです。たとえば大怪我をして三月《みつき》も四月《よつき》も入院しなければならないようなものが、かすり傷で治ってしまう。そのようになるのです。だから、世界平和の祈りにすべてを切りかえるのです。

いいとか悪いとか、向こうと相対的に較《くら》べていてはだめです。相手を見てはだめ、敵であると、敵とみているうちは、敵になるからです。けれど一度は敵とみてしまいますね。過去世《かこせ》からのクセで、自分と相手は他人だ、みんな他人だ、と思います。ところがさかのぼってごらんなさい。みんな兄弟姉妹なんです。もっとさかのぼれば、神さまの中に入ってしまうのです。それなのに他人だと思う。

ところがそれは長い間のクセで、また肉体の自分を守る方法として仕方がないんです。自分の家族のほうが他人の家族より可愛いのは当たり前です。自分を可愛がるように出来ているのでして、それはそれでいいのです。

そういうものが肉体の生活です。とするとその愛情も消えてゆく姿なんです。真理の愛というものは、自分の子も他人の子も同じにみます。この理論をそのまま実行しようとすると、天と地がつながらない。真理がそのまま降りてくれば、

「神の愛は平等である。お前の子供も隣の子供も、まわりの子供もみんな同じなんだ。平等に愛さなければいけない」とやられます。

それはやっても出来っこない。私も出来やしない。そのために個別に人間は現われているのです。この人間の常識の頭では出来ないけれど、神さまの頭では出来るのです。

肉体の人間では、自分の身内のほうが他人の身より可愛いんだから、宗教家がどういおうと、私は私の子供が可愛いんだ、私の妻が可愛いんだ、私の弟が可愛いんだ、ということになります。そうすると理想というものは、この世界では、肉体の人間の頭では成就しないんです。他の国より自分の国のほうが可愛い。自分の国より他人の国を可愛がって、他の国のことばかりやっていれば、自分の国はつぶれてしまいます。だから肉体としては、いつ自分の国を守り、自分は自分の家を守るように出来ています。だから肉体としては、いつも相対的なんです。いつも相手があるんです。相手と自分といつも競争をしなければなら

ない。自分の国と他の国とがいつも競争している。だから肉体の人間の頭では、自分の一家と他人とを区別するのだから、平等の愛にはならないのです、絶対に。日本人が日本をアメリカより愛するのは当たり前でしょ。それを理想としては、日本の如くアメリカを愛さなければならない、と思うかも知れないけれど、実際には出来やしない。それを私はよくわかっているのです。

そこで天と地を、天の理想を地の現実に結ぶ方法を考えているのです。

肉体の人間の考え方でいけば、自分を守るのは当たり前、自分の家族を守るのも当たり前。けれどそれではどうしても世界はよくならない。みんなが平等の愛にならないんだから。ああ、これではもう肉体の人間じゃだめなんだ、と手をあげてしまうんですよ。「肉体の人間では世界なんか平和になりっこない。自分の心に照らしてみればわかる」と。

たとえば同じ飢饉《ききん》の時、自分の息子には食べさせても、隣の息子には食べさせないかも知れない。百万人が百万人そうだと思う。自分の子を捨てても、他人の子を救おうなんていうのは、人類二十何億人かのうち、百人もいません。昔、松王丸《まつおうまる》なんていうのがありました。主君のために自分の子供を犠牲にする。あんなことは出来やしません。またやったら世間がごうごうと非難します。そんなこと滅多にあるもんじゃない。

だから肉体の人間では、自分と社会の、小さな範囲だけでも平等の愛情は通わないんです。出来ないんですよ。まして世界の人類ということになったら、それは出来っこない。自分の国を愛し、自分の民族を愛するのは当たり前だから。それはそれでいいんです。それが悪いというのではありません。理想家はそれが悪いというのです。しかし理想はそのままでは現実にはならない。

肉体の人間には何も出来ない

そこで天と地の真ん中、理想と現実を真ん中で成就させるためには、どうしたらいいかというと、この肉体人間はだめなんだ、ということをまず思わなければいけない。

「肉体の人間というものは単なる器でもって、みんな消えてゆく姿なんだ、自分を守ろうとする想いも、人を憎もうとする想いも、相対的に考える想いも、みんな消えてゆく姿なんだ。ああ、みんな消えてゆく姿なんだ。世界人類が平和でありますように」と、自分の頭の中の想念行為を、全部なくすために、世界平和の祈りの中にみんな入れてしまうのです。そうすると、神さまのほうから、守護霊、守護神のほうから、その人の心を傷《いた》めず、相手を傷めず、うまい具合に調和して、うまくやってくれるのです。

たとえば自分は一日に百円いるとします。どうしても百円なければ生きられない。向こうは全然ないとします。向こうへ五十円やればいいんだけれど、五十円やったら両方とも食べられなくなってしまう。そうするとやりようがない。全部百円向こうにやるか、自分が百円で食べるか、どちらかでしょ。そうなったら、どうしても自分は生きなければならないから、隣を見過しても、自分は百円で生きます。

そういう時に「ああ、これは自分じゃどうにもならないんだ。世界人類が平和でありますように。どうか隣の人をお救い下さい。どうぞ神さまお願いいたします。守護霊さん、守護神さん有難うございます。私どもの天命を完《まっと》うせしめ給え、隣の人たちの天命を完うせしめ給え」というように祈るのです。そうすると、向こうのどこからか、五百円も六百円も、一万円も十万円も持った人が助けてくれるわけです。

何故かというと、神さまは無限だからです。無限の富、無限の愛、無限の智恵で、神さまがいくら出しても絶対に減《へ》りゃしないのです。だから神さまの中から出してあげればいいんです。神さまの中から智恵を貸してあげ、神さまの中から物質を出せばいいのです。そうする方法はどうしたらいいかというと、それは世界平和の祈りなのです。

肉体の人間がどうやったって、本当の平和は出来っこない。本当の安心は出来っこない。どうしたら自分も安心し、隣の人もお向かいの人も安心し、この国が安心され、あの国を安心させられるか、というと、世界平和の祈りの中へ自分の想いを全部入《い》れこんでしまって、入《はい》りきりになると、神さまのほうから、あの人にもよくし、この人にもよくし、あの国にもよくし、この国にもよくする、というように、みんな富が分配されるのです。そうすることによって地上天国が出来てくるのです。だからどうしても一度、この肉体人間はだめなもんだ、ということを思わなければだめなんです。それを私は一生懸命、説いているのです。

それを他力というのです。法然親鸞《ほうねんしんらん》がやった南無阿弥陀仏《なむあみだぶつ》なんです。それを私は〝世界平和の祈り〟という現代で一番やさしい教えにしているのです。

祈りの中にすべてを投げ入れる

それで私はどこにいるか、というと、天の理想と地の現実をつなぐ真ん中に、空《から》っぽになっているのです。そして「世界平和を祈りなさい」とみんなに教えているのです。皆さんがお祈りすると、この空っぽの肉体を通って、スーッと神さまの中へ入ってゆくのです。そうすると、神さまの光が流れ入って来て、自分の体を通して横にひろがり流れてゆくのです。

皆さんが空っぽになりさえすれば、世界平和の祈りの中へ自分の想いを全部入れてしまいさえすれば、自分もよくなるとともに、その周囲が必ずよくなるのです。ですからまず自分というものをいっぺん捨てなければいけないわけです。それは昔からいわれているのだけれど、「空《くう》にならなきゃだめだ」といいながら、空になる方法を教えてくれないんです。

昔、偉い坊さんがたくさんいました。「空《くう》にならなければだめだ。ただ坐れ。坐禅観法《ざぜんかんぽう》して、空になる練習をしなければだめだ」というのです。「お師匠さん、どうしたら空になれますか」「カーッ！」と怒鳴られるだけです。しかし、今、この忙しい世の中で、いつ戦争が始まるかわからない世の中で、ただ坐ってばかりいられません。商売もしなければならないし、お勝手もしなくてはならない。そこで私はどういっているかというと、お洗濯をしながらでも、煮物をしながらでも、お芋の味をみながらでも「世界人類が平和でありますように、この味噌はしょっぱいか。この煮つけは甘いか、世界人類が平和でありますように」と祈っていればいいんだ、というのです。

いつでも世界人類の平和が、自分の中で鳴っている、そういうように思うのです。坐らなければいけないというものではないのです。いつでも、世界人類が平和でありますように、と祈っているのです。それはやっぱり統一なのです。そうしていると、いつの間にか中身がだんだん、だんだん変わってくるのです。今まで、憎らしい、憎らしいと思ってしまうのを、なんとかして憎らしい想いをなくそうと思って、「恨《うら》むまい、恨むまい」と思っている人が、世界平和の祈りをやっていると、知らない間に、憎らしいとか恨めしいとかがなくなっちゃって、「あの人もかわいそうな方なんだ、業《ごう》に包まれているんだ。あの業が消えますように、あの人の守護霊さん、守護神さんお願いします」というふうに、自然に愛の心が湧いて出るのです。

何故、自然に湧いて出るかというと、世界平和の祈りというものは、神さまのみ心なんだから、自分の想いが神さまのみ心の中に入《はい》って、神のみ心と同じようになって、今度は、自分の心から流れる。そうすると自然に人が愛せるようになるんです。あの人が憎らしい、なんて思わなくなっちゃう。湧いて来てもスッと消えてしまいます。

本当に消えてゆく姿がわかってくると、妻と夫が喧嘩しそうになった時――夫が会社でムカムカしたことがあって、我慢して帰ってくる。そして妻は自分のいう通りにしてくれない。「このヤロウ!」と思ってきても、消えてゆく姿ということがフッと浮かぶと、「このー」であとはなくなってしまう。喉あたりまで出て来て、消えてしまうのです。

はじめはチャンチャンバラバラやる。その次はチャンぐらいやる（笑）。その次はこの辺（喉元）で消えてゆくんですよ。バカバカしくなってしまう。みんな消えてゆく姿なんだから、はじめっからやるまい、というふうに自然になってくるのです。自然法爾《じねんほうに》に、ひとりでに良い行ないが出来るようになってくるのが、世界平和の祈りなんです。そしてそれがやがては世界人類を救う祈りになるんですよ。

大平和実現のために

この間、レバノンにアメリカ兵が、ヨルダンに英国兵が上陸しました。それについて日本政府は、国連で何をいったかというと、査察団として国連の兵隊をアメリカの兵隊に代わらせればいいだろう、という案を出した。がそれはソ連に却下《きやつか》されました。けれどその案を見た国連総長から「日本からも一つ査察団を出してくれ」と要請されたのです。すると日本は「憲法上、また実質上、そういう海外派兵が出来るようになっていないから、ごめんこうむりたい」と断ったのです。変な話ですね。アメリカ兵を引っ込ませるために、国連各国が代わりに出兵させればいいじゃないか、といっておきながら、自分のところの兵隊を出さないわけでしょう。実際、日本は軍隊などありゃしないんだから、出せやしません。そういう宙ぶらりんなことをやっている。そういうのを無定見《むていけん》というのです。いい出しっぺなのに自分はやらない、というのは本当におかしな話です。

これは日本人でなくともよくあるんだ。ああすりゃ、こうすりゃいいじゃないか、みんなが金出せばそれぐらい出来るじゃないか、と、みんなにスッカラカンお金を出させておいて、自分は出さない。それと同じことを日本はやったのです。全く国際間の信用はゼロです。それは政府が無定見だからです。どうして無定見かというと、何にも方針がないんです。ただ他人の鼻息をうかがいながら、政治をやろうと思っている。誰がやってもそうです。誰がやっても「自分の肉体の人間はだめなんだ、神さまに全部まかせなきゃだめなんだ」と、それこそ神のみ心の霊感をいただいて、神智でもって政治を行なわなければ、絶対だめなんです。岸首相だって信仰がないわけじゃないだろう。けれどいいかげんなのです。

アイゼンハワーはクリスチャンです。岸さんよりよっぽど信仰があります。アイゼンハワーのまわりにもクリスチャンがたくさんいます。いながらもやはり小国の自由を奪うための兵隊を出しています。何故かというと、いいかげんな信仰だからです。全部神さまにまかせて「ああ、生きるも死ぬも神さまにまかせて」と霊感でやっているんじゃなくて、自分の頭の中で、考えを絞り出してやっているわけなんです。敵とみていますから、あれぐらいのことしか出来ないのです。そういうものはいくらやってもだめなんです。日本ばかりでなく、どこでもだめなんです。ですからこのまま放っておくと、世界は破滅するより仕方がない。

そこで大平和実現のためにはどうしたらいいかといったら、今までの考え方を全部捨てなければだめです。人間の頭で「ごまかしてればどうにかなる」という、ごまかしの考え方、ごまかしの生き方、ごまかしの人生観、人間観というものを、全部変えて、「人間というものは肉体ではないんだ。人間というのは神の分霊《わけみたま》であって、神さまが全部知っているんだ。だから世界を救うためには、自分たちが全部神さまの中へ入りこんでしまって、改めて神の光として、この地上界に君臨しなければだめなんだ」という考え方になるのです。そのやり方の一番やさしい方法は、世界平和の祈りなのです。

世界平和の祈りをしていると、自分の想いが全部なくなって、光が全部入ってきて、それが宇宙全体、地球全体に放射されるんです。そうすると戦争しようとする考えも変わってくる。いろいろ変わってくる。それともう一つは、宇宙人が助けに来る。宇宙人が降りて来て、守護神が降りて来て、我々と手をつないで横暴なる大国を抑えてくれる——そういうことにもなるわけです。

（昭和33年8月2日）

四、自分をおかすものは何もない

いけない　いいではない

この世の中には、本当はいけないとかいいとかはないんです。ふつうの人はすぐ、これをやってはいけない、あれはやってもいい、とかいいますが、いけないいいではなくて、やる時にはやってしまうんです。わかりますか。そこで私は消えてゆく姿という教えを説いているのです。

いけないとかいいとか言ったって、やってしまうのですよ。そこで親鸞さんや法然さんが、あれだけ学問もし、修行をした人が、いけないいいじゃなくて、それは仕方がないんだ。業因縁《ごういんねん》なんだ。その業因縁を自分ではとれないから、阿弥陀さまにあげちゃった。それが世界平和の祈りでもあるのです。いいですか。いけないとかいいではなくて、そうなってくるのですよ。それを今までの宗教家がよく知らないのだ。それでこれをやってはいけない、あれをやってはいけない、お前はいけない、とこう言っていた。私はそこをよく知っている。いけないいいの問題ではなく、現われてくるものは現われてくる。消えてゆくものは消えてゆく。うつるものはうつる。それはすべて神さまのみ心、自分の本心が現われるためのものだから、どんなふうに形が悪く出ようと、善く出ようと、有難いのだ——とこういうのですよ。わかります?

いけない、いいがあっては有難くないですよ。やっちゃいけないことをしてしまった。自分はだめだと思うでしょう。どんな悪い行ないが現われても、どんな嫌なものが自分に現われても、出て来ても、それはいい悪いではなくて、そうなっているんだから、ああそれは消えてゆく姿だ、だから有難いんだ。

消えてゆく姿自体が有難いのではない。消えていったあとから、本心が出てくるから有難い。雪が降ってじめじめしたけども、お天気でお日さまが出て来た。ああ雪のあとお日さまが出て有難い。くもりのあとは有難い。必ず晴れるわね。雨が降ってもあとは晴れる。雨ばかり降っていたら大水になってしまうからね。それで晴れた時に有難いと思うでしょ。雨が降れば必ず晴れることは決まっているんです。だから、晴れたら晴れたで有難い。くもったらくもったで有難い。雨が降ったら降ったで有難い。溺れたら溺れたで有難い。そこなんですよ、そこが宗教の極意なんです。

私は、どんな苦しいことが来ても、ふつうでいえば嫌いなことが来ても、なんとも思わない。なんにも思わない。来るものは来る、とさえも思わない。来たものはみんな受けている。逃げようなどと一つも思っていない。嫌もいいも、なんにもありはしない。そこまでいかないと、だめなんだ。そこまでゆくと五井先生になる。今、首を切られても有難い、というところへくるのが一番。いいことがあったから、先生有難い。悪いことがあったら、先生ちょっとだめだなァ（笑）消えてゆく姿を出さないでくれ、なんていうのがあるけれど、循環してくるのだから仕方がないのですよ。だから私は前のもの、過去世のものを責めようと思わない。どんなにヘンな業をもって来ても、このバカヤローって責めはしない。仕様がないなァと思ったって、これは消えてゆく姿なんだからね。それによって消えてゆくだけ開いてくるのですよ。また何か出てくれば、また開いたんだから、また出ればまた開いてくるのです。だから悪いものが出てくることは消えてゆくのだから有難いんですよ。

悪いものを積んでゆくのでは有難くないですよ。消えてゆく姿というものがあると、すべて有難いということになるんですよ。消えてゆく姿がないと、何かみじめになってしまうのです。自分がみじめですよ。またまたこんな心を起こしちゃった。また把われちゃった。なんて私はだめなものだろう——となる。生長の家式に無いというのだったらね。ところが消えてゆく姿なんだから、消えてゆくに従って、どんどん本心が現われてくるのだから、有難いんですよ。だから貧乏しても有難い、病気をしても有難い、へんな嫌な感情が出ても有難い、怒りの想いが出ても有難い。

すべてが有難いになる

念を押しますが、怒りなら怒り、貧乏なら貧乏が有難いのではありません。消えてゆくんだから有難いのです。借金をどんどん返してゆくんだから有難い。また、借金が一つへった、借金がまたへった、ああ、だんだん自分の借金がへって有難いなァ、これで本当の姿、本心が現われるんだな、とこういうのだからね。そこまで来ることが極意なのです。それをみんな目ざしている。

ところが今まではただ言葉だけだった。ところが現在は、私のような人がいて、「サア引き受けますよ」といっているんだから、有難くないことがあったら「先生有難くない」って、ここへぶつかってくればいい。そしたら有難くしてやるからなんだって（笑）。そういうふうにやればいいでしょ。だから何があったって、驚くことはない。どんな嫌なことがあっても、瞬間です。一日か二日か三日。一ヵ月か二ヵ月、一年か二年か三年か五年か十年か、大したことはないです。ジーッとしていればいいんだから。過ぎてごらんなさい、大したことないから。

　最後の死ぬ一瞬に「ああ、よかったな、神さまが迎えに来ていて有難いなあ」だったら、今までのことは全部消えてしまいます。八十歳で死ぬとして、七十九年十一ヵ月三十日何時間苦しんでも、最後の最期の一瞬に、弥陀三尊が迎えに来て、守護神さんが迎えに来て、サアいらっしゃい、いい所にゆくんですよ、といって、連れていってくれれば、それで有難いもの。そういうもんなんですよ。あとの過去なんかどんなに苦しんでも、なんでもないですよ。今、苦しんだことを思い出してごらんなさい。皆さん、苦しいですか？　苦しかない。なんだか楽しいような気がしてしまう。「ああ、よく私はあれをぬけて来た。私も案外偉いんだなァ」なんて思うでしょ。

　人間の本性は善で、光明だから、どんなに辛い想いを思い出しても、思い出した時には辛くないのです。思い出した時にはみんな美化されてしまうのです。どんなに自分をいじめた奴でも、思い出して憎らしいというより、ああ、ああいう人もあったなァ、あれによって私も磨かれたなァ、ぐらいになってしまうんですよ。みんな美化されてしまう。人間の性は善で光明なんです。

インテリなどがよく、これをやってはいけない、いい。あいつが悪い、これがいいとやっている人がある。それをやっているうちは絶対に悟れないことを保証します。そんなものはみんな消えてゆく姿ですよ。だから、のん気に、明るく、その日その日を感謝で生きてゆく、という基本的な言葉になってしまうのです。

世界平和の祈り一念で生きていれば、守護霊守護神さんがうまくやってくれるのです。自分にあんまり関心を持ちすぎると、つまり自分の業、想いに関心を持つと、業の浮き沈み、流れに関心を持ちすぎて、本当の自分ではなくて、業を追いかけて、自分はどこだ自分はどこだ、とだんだん真実の自分から離れていってしまう。そんなものはどっちでもいい。出るべきものは出るし、出ないものはでないし、消えるものは消えるんだから、一度突っ放してしまって、世界平和の祈りの中に入ってしまうのです。そうすると朗らかになるし明るくなるし、恐れはなくなる。

何があっても怖くない。何があっても怒らない。何があっても嫌でない。なんでも来い

――そういう気持ちにならなきゃだめよ。何が来たって自分をおかすものは何もないのだから。自分をおかすものは自分の想いだけしかないんだ。
自分に想いがなかったら、なんにもおかされない。そのつもりでいて下さい。

（昭和33年3月27日）

五、いのちの自由自在性

――心罣礙《けいげ》なし――

本当の自由

人間がここに生きています。何が人間を生かしているかというと、いのちです。いのちがあるから肺臓が働いている。いのちの力で心臓が働いている。いのちの力で頭が働いている。ということは、唯物論者、唯神論者にかかわらず誰でもわかります。それを神さまの力で心臓が働いている、というと唯物論者には、そんなものあるもんか、自然に動いているんだ、という形になります。しかしいのちの力で働いている、といわれますと、これは誰でもそうではない、という人はありません。だから唯物論者に話す場合には、いのちということを持ち出すのが一番わかりやすいんですね。

いのちがここにあって自分が生きている、だからいのちがなくなれば肉体は消滅する、ということは唯物論者でもわかるわけです。さて、そのいのちをそのまま肉体に健《すこ》やかに、さわりなく生かしておくにはどうしたらいいか、ということが問題になってくるわけです。

いのちが真っ直ぐに、いのちそのままに動いていれば、心臓も丈夫ならば、肺臓も丈夫、頭も丈夫なわけです。そうすると、いのちを健やかに、そのまま生かしてゆくにはどうするか、ということが祈りの問題に結びついてゆくわけ。いのちが自由自在に動いていると、どこも悪くなくて無病息災《そくさい》で生きるわけです。少しでもいのちがそこなわれると、病気になったり、不幸が出てくる。それは信仰、無信仰、唯心論とか無神論を度外視して、誰にでもわかることです。医学上でそうなんですから。いのちを健やかに自由自在に生かしてゆくためには、いのちの自由自在性を阻害するもの邪魔するものを除外すればいいわけです。いのちがあるがままに生きているのを邪魔すると、人間の自由自在性が奪われて、いのちは不自由になり、病気になったり不幸になったりする。

今の政策をはじめ、すべてのやり方というものは、いのちの自由自在性ということではなくて、我《が》、肉体の我欲の自由になりたい、欲望をそのまま達成したい、自分の肉体の欲望のままに自由になりたい、というようなことを「自由だ」と思っている。ところが欲望というものは、いくら満たしてもきりがないし、肉体の自由というのはいくらやったって自由になりっこない。肉体がパッと飛んでゆくわけではないし、食べたいと思ったら、目の前にその食べものが瞬間出てくるわけではない。不自由な中で自由を求めながら、肉体が生きているわけです。ですから肉体自身の自由ということは、いくらやっても自由にはならないわけなのです。

消えたり現われたり、どこでもパッパッと行けるようになれば、自由自在になるわけですが、それが出来ない。出来ないために人間はいろいろ発明しまして、飛行機が出来たり、自動車や汽車が出来たりした。発見発明によって、人間はその自由性をだんだん延ばしています。ところが、いくら発明し、いくら飛行機を作り、ジェット機を作り、宇宙船を作っても、やっぱり肉体は自由自在にはならないのです。どこかしら縛られている。だから肉体の自由自在性を求めている限りは、いつまでたっても欲望のきりがなく、利害得失で、人と争うこともあれば、戦争になるようなこともあるわけです。

本当の自由というのは、肉体の自由ではなくて、いのちの自由なのです。肉体が縛られていても、いのちが自然に自由に動いているという、そういう形へもってゆくのが、宗教なのです。いのちの自由自在性を見つけ出すのが宗教の道なのです。唯物論の場合は、肉体の自由自在性、肉体生活の自由自在を求めて、科学技術を駆使し、動員して実現してゆこうとする。ところが宗教の門というのは、そうではなくて、内から、中からいのちの自由自在性を求めてゆくものなのです。ですから、身は病《や》んでいようが心は病まない、膿《うみ》がどろどろ出ていても身は病んでいない、という心境になってくる。そしてなりきると、膿も出なくなれば病気もなくなれば、不自由なものがなくなってくるのです。そこまでゆく道があるのですよ。

祈りとはどういうことか

その心境にゆくまでにいろいろな方法があるわけです。念仏もあるだろうし、お題目もあるだろうし、坐禅もあるだろうし、キリスト教の祈りもあるでしょう。山へこもったりしていたこともあるだろうし、いろんな修行方法がとられているわけです。私は、ではどういう方法でもってゆくかというと、やはり祈り一念の生活というものを持ち出したわけです。

祈りというのはどういうことかというと、いのちを宣《の》りだす、いのちを自由にする、いのちそのままになるということです。肉体という物質にこだわらない、あらゆる事物に拘《こう》泥《でい》されないで、把《とら》われないで、いのちがそのまま自由自在に動く世界、そういうものになるのに、祈りという方法が必要なのですし、祈りそのものが、自由自在性なのです。

だけど普通の場合は、祈りというものは、ただお願い事のように思っています。病気を治して下さい、商売を繁昌させて下さい、不幸がありませんように——こういうのが祈りだと思っている。これは祈りではない。祈りにいたる道程ではあるけれど、祈りそのものではない。祈りというのは、いのちをそのまま出して、物質に把われない、あらゆるものに把われないいのちが、そのまま現われて生きている、という姿が祈りの姿なのです。木や草がいのちそのまま生《は》えている、自然の法則のままに生きている、そういう植物は祈りの姿だと私はいうのです。

人間にはいのちそのままの働きを阻害するものが出て来た。それは何かというと想いなのです。いのちは微妙な波で、光の波動です。いのち即光なのです。その波動が微妙に動いている。肉体というのは物質的波動で出来ています。いのちがその物質的波動を動かしているのだけど、いのちを度外視して、物質的なものに自分の想いがいってしまって、物質のほうへどんどん把われていった。そうすると、いのちというものを考えないで、肉体というものを考えてしまうわけです。肉体のことばかり考えてしまう。肉体は普通、一メートル六七〇、せいぜい大きくて二メートル、体重は四十貫（一五〇kg）ぐらい、その体の範囲でのみしか動けなくなってしまうわけです。

いのちというものは宇宙に充満しているものだし、永遠のものだし、光り輝いているものなのだけれど、それをズーッと小さく小さく狭いものに固めてしまう、固定観念が出来て、それだけの範囲、範疇でしか動けなくなってしまうのです。そこで宗教の道というのは、五尺何寸、六尺何寸、何十貫かで生きている、一歩一歩しか歩けないという肉体の人間から、自由自在にどこへでも行けて交流できるような人間に、磨きをかけていこうというわけです。その方法として祈りがあるわけなのです。

何故祈りをするかというと、肉体にまつわる想い、人間というのは肉体だ、五尺何寸の人間だ、とこう思っています。その肉体だという想いを、まず肉体ではない想いの中に変えないといけません。そうしないと自由にならないからです。たとえば茶碗を持っているとする。持っている持っているという想いがあったら、持っている茶碗にいつも把われているわけです。これを放せば把われてない。そういうふうに、肉体観念からはなれるということを、祈りという方法でやるわけです。そこで実際にどういうふうにやるかというと、神さま神さまと言ってもいいんです。神さま有難うございます、神さま有難うございます。

それ一点張りでもいいんです。私はその方法でこうなったんですから。

神さま有難うございます、私のいのちをどうぞ神さまのものですからお使い下さい。人類のためにお使い下さい――って投げ出したのです。自分というものを投げ出したから、自分はなくなった。自分の想いというものは全部神さまの中へ入れてしまったから、ただ有難うございます、有難うございます、という感謝の想いだけになった。だから神さまは使いやすいから、そのままいのちが現われて来たわけです。

だからどういう方法でもよいから、自分の想い、肉体にまつわる想い――自分は肉体の人間だという想いがしつこく付いているんですよ。何生《なんじょう》かけて生まれ変わり死にかわりしていますから、自分は肉体なんだ、肉体なんだ、という想いが、わざわざ肉体だと思わなくても見えますし、食べているし、肉体の生活をしているから、肉体だという想いがあって、五尺何寸きり生きられないわけ。だから肉体人間という想いを、まず捨てなければならない。ところが捨てなさい、と言ったってなかなか捨てられるものではありません。そこで、日頃からの訓練で、瞬時瞬時、一瞬一瞬の訓練で、いつの間にか肉体観念がなくなるような想い方が大事なのです。

すべての想いを消えてゆく姿にして祈りの中へ入れる

そこで私は、肉体にまつわっているすべての想い、肉体世界に現われてくる良いことも悪いことも、すべて消えてゆく姿だと言うのです。消えてゆく姿として世界平和の祈りの中に入れてしまう。神さまといってわかるけれど何か摑みどころがない。内にある神さまといっても摑めない。そこで目的を持って来たのです。目的は何かというと、世界が平和になることです。これが一番の目的なんです。人類がここに存在しているということは、みんなが仲良く、大調和してこの地球世界をよくしていこう、みんな平和な世界にしようと思って、みんなこの地球に生まれているわけです。この世界を荒らして、戦争にしようなどと思っている人は誰もいない。みんな平和になって、みんな仲良くして、みんな気持ちよくお互いが助け合って生きていこう、という心が世界中誰の心にもあるわけです。誰の心にもあるということは、神さまのみ心がそうだということです。

大生命の中から小生命として自分たちが出てきているんだから、小生命が仲良くすることは大生命の望むことに決まっている。大生命即神さまですから、神さまと呼ぶのもいいけれども、神さまは見えない、だからどこへ行っていいかわからない。そこで神さまのみ心である大平和、大調和が現われるために、世界人類が平和になることが一番いい。世界人類が平和になることがみ心であるし、神さまの目的でもあるし、人類の目的でもあるから、〝世界人類が平和でありますように〟で自然に、神さまと人間の心が全く一つになるわけですよ。そこでそこへ持って来た。

肉体にまつわる喜怒哀楽、すべての想いを消えてゆく姿として、世界人類が平和でありますように、と祈って神さまのみ心の中に入れてしまう。世界人類が平和でありますように、という時は、神さま神さまと呼んでいるのと同じなんです。しかも目的がハッキリしているから、自分の心が納得するわけです。

人間というものは、自分の想いが納得しないと、気が入らないのです。これをやればいいんだと言っても、納得しないとやる気にならないのです。世界人類が平和でありますように、というのは納得するとかしないではなくて、反抗を呼ばないのです。ああいいな、おれには出来ないかもしれないけれど、やっていて無駄はないな、じゃやってみよう、とはじめは本気にならないけども、世界人類が平和でありますように、という言葉そのものが、大きいひびきをもっているから、はじめは、私は今病気を治したいんだ、家庭を調和させたいんだ、私は今貧乏を直したいんだ、世界人類どころの騒ぎじゃないと思いながらも、世界人類が平和であるということは、何か自分の生き甲斐であるような気がしてくるわけ。世界が平和になることをみんな望んでいるんだから、内心では望んでいることだから〝世界人類が平和でありますように、なんでえ〟といいながらもやっていると、知らない間に、肉体にまつわる、自分の生活にまつわるいろんな想いが、少しずつ少しずつ世界平和の神さまのみ心の中に、光の中へ吸いとられてゆく。どんどん吸いとられてゆく。

するると知らない間に、去年の自分より今年の自分のほうが、なんか心が明るくなっている、貧乏は貧乏だけども、病気は病気だけども、心が明るい。心が前とは全然違って来ている、というようになってくるわけです。それがやっているうちに、病気が治ってくる。

貧乏が直ってくる、というようにだんだん、だんだんなってくるのです。だから現象の利益はまずさしおいても、心の中が神さまのみ心である光のように、明るく明るくなってくるのです。それを祈りというのです。心が明るく明るく、神さまのみ心と同じようになってくれれば、いのちがそのまま生きているわけです。いのちがそのまま生きていることは、祈りの姿なのです。祈りそのままの姿になるわけです。

そこで私は他の言葉を言わないで、世界人類が平和でありますように、日本が平和でありますように、私たちの天命が完《まっと》うされますように、と言ってから、みんなを守っている守り神さまである、守護霊守護神さま有難うございます、という感謝の想いで結んでいるわけです。守護霊守護神さま有難うございます、ということと、世界人類が平和でありますように、ということは同じことなんだけれども、並べて言っているわけです。全部まとめて言わなければならないものじゃない。世界人類が平和でありますように、だけでもいいんです。その〝世界人類が平和でありますように〟という想いで、神さま有難うございます、でもいいわけです。どういう言い方でもいいけれども、そういう神さまのみ心が現われているという目的の中に自分を入れるのが、自分の想いが争わないで、反発しないで一番出来る方法だと思うのです。

祈りというのは、いのちをそのまま現わすことなのだし、祈っていればいのちがそのまま現われて来て、神さまのみ心である、いわゆる神の子である自分が、そのままだんだんと現われてくるわけですよ。

把われがなくなること

人間が神の子であることは間違いないんです。大生命の分かれである小生命であること、これも間違いもないこと。誰だって生命体であると思わない人はないんだし、生命の謎はまだ解明されておりませんが、いのちがここに生きているということは、誰もが疑わないんだから、いのちが健《すこ》やかに生きるためには、いのちが自由に生きるためには、やっぱり把われがあってはいけない。

人のことを言っちゃいけない、いけないと思っていると、スッと言ってしまったり、お茶を運んでいて、こぼしちゃいけない、いけないと思っていながら、こぼしちゃったり、字を真っ直ぐ書かなければいけない、真っ直ぐに書こうと思っても、曲がってしまう。皆さん記憶があるでしょう。練習の時にはサーサーッと書けるのに、清書で出すんだとなると、ブルブル手がふるえたりする。何がその人の手をふるわせてしまうのか。心がふるえるんですよ。想いが把われているから、いのちが自由に動かなくて、手がにぶってくる。

私は字が下手《へた》で下手でしようがなかった。大きい字はサアーッと書けるんだけれど、小さい字を書いたら、ごちゃごちゃになる。下手だと思いこんでいたから。ところがこうなって（本心と一体となって）から下手も上手もそんなことは問題じゃない。神さまのみ心のままだから、どんな字だって、曲がったって、右へ曲がろうが左へ曲がろうが、はみ出そうが、そんなこと知ったこっちゃない（笑）。書くがままに書いているでしょ。だから光がサーッと入っている。今、手なんかふるえません。いくら労働した後でもふるえません。それに書くのが速いこと速いこと。速くてふるえないで、上手《うま》い字が書けるんですよ。といって威張るわけではないけど、人がほめてくれるから、私も自分のことをほめるんですよ。私は人にほめられたら、自分でもほめることにしているんです。字でもそうです。なんでもそうです。相撲《すもう》をやろうと、拳闘《ボクシング》をやろうと、あらゆることにおいて、心に把われがあったらだめなんです。その把われをなくすことが宗教の道だし、それが祈りなんですよ。

いのちがそのまま生きていることが、一番いいわけです。いのちそのまま生かすためには、肉体に把われ、想いに把われ、言葉に把われ、うまくやらなきゃいけない、こうしなきゃいけないという想いを、思慮分別《しりょふんべつ》を一遍《いっぺん》なくすことです。そうしない限りは、その人はその道の達人にはなりません。それで宗教の道、祈りの道というのは、すべてが達人になる、立派な人になるためのものなのです。

何をやっても、誰にでも負けない者になるためには、やはり把われがなくなることです。だから私は、把われになるようなことは一切言わないことにしているのです。今までのあらゆる宗教には、大概把われがあるのです。こうしてはいけない、というものがあるから。お前さん短気じゃいけないよ、気が弱くちゃいけないよ、恐れるものは皆来《きた》る。で恐れたら大変だよ、病気になる、病気になると思ってたら、病気は来るんだよ――こうやられるでしょ。気の弱い人はますます恐れちゃう。臆病な人は恐れます。ああ私は恐れた、だから私はガンになる、ガンになるに違いない……。人間というのは変なもので、いけないと言われると、余計そうしてしまうものです。お菓子屋の子供はお菓子は年中食べられるでしょ。だからお菓子をみたってつまみ食いをしないですよ。もう年中食べられるからおかしくて（笑）。それと同じように、自分がいつでもいつでも充足して、神さまのみ心がいっぱい入って充満しているんだ、自分は神の子なんだ、なくてならぬものは与えられるんだ、自分に必要なものは与えられるんだ、というように思っていると、がっかりしなくてもいい。利益を求めなくても、ちゃんと自分に与えられるんだ、という心が宗教心なのです。

自分は神の子としてここに生まれているんだ、神のいのちとしてここに存在しているんだから、自分になくてならないものは、必ず神さまが与えて下さるに決まっている、というふうに思っていると、あわてないですよ。騒ぎもしない。

努力は一生懸命します。私たちの仕事というのは、人に世界平和の祈りをすすめて、みんなが明るい、自由自在な人間になって、少しでも世界人類の平和のためになる人を創りたいということです。そういう運動をやっているわけです。ですから建物のあるなしにかかわらず、本の出る出ないにかかわらず、一生懸命やっているわけです。一生懸命やっていることが、みんなの心を打って、道場の建物も大きくなるし、本もたくさん出てゆくようになるわけです。

前進よりない

自分に生かされているいのち、自分を生かしているいのちに、利害関係ということはあまり考えないで、いのちが置かれた立場でそのまま、なんでもかんでも一生懸命することです。これは当たり前で、簡単なことだけれど真理です。一生懸命やっていれば、やっぱり把われがないことになるのです。これやったらうまくゆくかしら、この結果がいいかしら悪いかしら……。物事をはじめてしまってから、結果がいいか悪いかというのはおかしい。一番嫌なのは、結婚してしまってから、この結婚よかったでしょうか、悪かったでしょうか、と尋ねられること。いいも悪いもありゃしない。もう踏み出してしまったんだから、もう前に進むより仕方がないではないですか。

赤ちゃんを産む時は、産むより絶対しかたがない。ひっこみはつかない。赤ちゃんは産まなければならないんだ。嫌だから、辛いからといって、後もどりは出来ない。赤ちゃんがだんだん小さくなってしまって、なくなっちゃうというわけにはいかないでしょう。産み月になったら、産むより仕方がない。絶対に前進よりない。ただ一筋しかないわけです。人生万般、みんなそうです。前へ進むより仕方がない。人間は退《しりぞ》くことは出来ないのですよ。ところが、逃げれば逃げられると思う。ところが運命でもなんでも逃げられないのです。覚悟しなければならないですよ、みんな（笑）。

一旦、この世に生まれてきたら、死ぬまでは生きてなければならない（笑）。そうでしょ、寝っ放しというのはいけない。いくら催眠薬をのんだって、寝っ放しにはならないですよ。目が覚めます。だから、生まれてこの世に生きている以上は、生きなければならない。生きなきゃ。それは引っこむことが出来ない。痛いところがあったら注射で痛みを止めます。だけどやっぱりまた痛みは出てくる。果たさなければならないことは、どうやっても出て来ます。それは逃げられない。お産と同じだと思いなさい。

業生《ごうしょう》を果たしながら、消えてゆく姿をやりながら、しかもその消えてゆく姿を通して、世界人類の平和を創る神のみ心を現わしてゆくわけです。二通りの生き方があるわけですが、消えてゆく姿を現わしながらも、それをうまく利用して、神のみ心を現わす。そういう人は素晴らしい。神界なら神界へそのまま逝《い》けます。実際そうやっていれば、亡くなればそのまま神界へゆくわけです。そういうように出来ている。

いつもだめじゃないか、ああじゃないかこうじゃないかとやっていてごらんなさい。いくらたっても進歩しないから。一遍やってみればいいでしょ。やってみて悪ければ失敗します。失敗すると、これはいけなかった、とわかるから。そしたらまた改めて戻ってやり直せば、次は失敗しないでスーッと通ってしまう。そうすると片方は、悪い事、間違った事はしないけれど、いい事もしない。もう一方はパーッとやってみて、ああ失敗《しま》った、といって後退するかもしれないけれど、次にはズーッと前に進んでしまいます。だから思いきって、やることはやってみなさい。因縁がなければやりはしないから。人殺しをする因縁がなければ絶対に人殺しをしません。わかりますか。だから恐れないほうがいい。

やるべきことはやるのです。やらないことはやらないのです。男性にいくら赤ん坊を産め、といったって、これは絶対不可能。そういうもんです。絶対のきまりがあるわけです。運命というものは、すべてその人の過去世の因縁因果によって動いているのだから、悪いことにならない人は、悪いことになりっこないのです。それで救われるようになっている。

人は救われるに決まっている。この世で救われることになっている人は、ここへ来ていますからね。世界平和の祈りをするような立場になった人は、絶対に救われている。救われたことをはっきり自覚しているわけです。世界人類が平和でありますように、という祈りに加わったということは、もう自分が救われているということを、自覚していることです。知らないうちに自覚させられている。だから恐れないで、すべてを恐れないでおやりなさい。

大体、宗教信仰をするような人は、気が小さいことが多い。信仰のない人は、神さまにすがらないで、自分でガムシャラにやるんです。それで力があるのだから、或る所まで来るのですよ。しかし或る所で壁にぶつかる。そこでガタッと落ちてしまう。ところが宗教信仰をするような人は、神さま神さまってすがるような人は、大体気が弱くて、何かにすがらないではいられない。自分だけでは不安でしようがない。それですがる。すがるまでは、ガムシャラにがんがんやる人より弱いのです。ところが、神さまのことがわかり、そして神さまの道に入ると、今度は立場が逆になって、うんと力がついて、ガムシャラにやる人よりずっと強くなる。その力というのは神さまの力なのです。自分の本心が開けるからです。今まで、臆病だった人が臆病でなくなる。気がしっかりしてくる。というようになってくるのです。

大体気の優しい人がすがったり摑まるんだから、つかまったら今度は、この道只一筋《みちただひとすじ》、自分の生きる道だと、引くも退《さが》るも出来ない、絶対前進しなければいけないんだ、というように覚悟を決めちゃうんですよ。それで、世界平和一念なら世界平和一念でやっていらっしゃればいいのです。

みんな世界平和を祈るようになる

こないだも私は言いました。これがだめだと思ったら、他《ほか》を廻っていらっしゃい。ほうぼうじゅう廻って、やってみればいいんです。やってみて、ああ、ここもだめだ、あそこもだめだとわかったら、また帰っていらっしゃい。そしたら今度は早いです。これっきりない、と思うんだから。だから躊躇《ちゅうちょ》しないほうがいいですよ。お友だちが「五井先生はだめよ、そんなもの」と言ったらば、やめてもらったらいい。どんどん他へ廻っていらっしゃい。何も、拝みたおして、入ってもらう必要はないのです。いいですか。是非入って下さいな、って拝み倒して入るようなそんなケチな神さまではないのです。

みんな自分たちが救われるんだから、自分たちが救われるのに、救ってやろうというのにそれを生意気なことを言って、どうでも救われたくないのなら、勝手にどこでもいって苦労して来い、と言ってやったほうがいいです。拝み倒して入ったって、そんなものろくなことはない。それは覚悟しなさいよ。拝み倒して入ってもらうほど貧弱な宗教ではないのだから。皆さん、そのつもりで自信をもって下さい。必ず、全世界が世界平和を祈らなきゃならなくなるように決まっている。これは私が断言する。だから、お世辞言いながら、是非入って下さい、一遍いらっしゃって下さい、いらっしゃって下さい（笑）。嫌だいやだと言うのに、そんなことまでして、来てもらう必要はないんですよ。向こうで、どんなことしても連れていって下さい、ああよし連れていってあげる――威張る必要はないけどさ（笑）――そのくらいの調子でいい。

人を増やしたいの一念で、無理無理押しつけたり、無理無理引っぱって来たってしようがない。守護神さんが頼む場合には、嫌でも応でも来るから――みんなここへ来る場合、守護神さんが〝ああ先生に会いたい、世界平和の祈りの仲間になりたい〟というんで来るのです。ですからスラスラッと来ます。中には〝私はなんにもわからないで来ました〟という人が随分います。〝途中でお会いしまして、この人が来いというから来ました。なんだかちっともわからない。なんでしょう、ここは〟なんて（笑）。そういう人には、私はだまっていて浄めておいて“白光《びやっこう》を読んで、またいらっしゃい”といって白光誌をわたします。白光を読めばわかりますからね。そういう人は守護神が連れてくるから来られる。そしてそういう人が案外熱心になったりするのです。

斎藤秀雄*註さんのように、はじめ霊光写真を見せられて、来たわけでしょ。霊光写真を斎藤さんに見せた人は来ないんだ（笑）。そんなもの、縁だからね。先に入る人と、どうせ入るに決まっているのだけれど後から入る人と、一生、肉体の五井先生に会わないけれど、世界平和の祈りをやる人と、こう三段階にわかれている。みんな全部やるに決まっているんですよ。これは断固として全部やる。生きとし生けるもの全部、世界平和の祈りをやらないではいられないのです。やるに決まっている。ただ肉体の五井先生に会うか会わないかは別問題。だから皆さんのように、早く会って、早くわかった人は、万万歳ですよ。もう安心しちゃって、今日から枕を高くして寝て下さい（笑）。ああこれはいいことを聞いた。しめた、坐って祈らなくても、枕を高くしていればいいんだから、寝ながら祈ろう、なんてね。朝寝をして祈り、昼寝をして祈り、夜は早く寝て祈り――それだって同じことよ。

心の中に世界平和の祈りがあればいい。だから悠々としていなさい、ということよ。

生きるも死ぬも決まっている

私が言いたいことは、人間生きるも死ぬのももう決まっているし、行き先も私に会ったらいい所へゆくに決まっているし、地球が亡びようとどうしようと、皆さんだけはいい所にゆくに決まっているんです。だから皆さんは救ってもらおうではなくて、救いに立つ立場なんです。皆さんは死んだって生きたって、神さまのみ心の中にいます。今、全部がここで亡くなったって、みんな神界、霊界へ行きますから、絶対安心していていい。それは自分たちはもう救われているんです。救われていることを自覚しているのです。だから安心していらっしゃいよね。

〝ああ自分はもう救われているんだ〟と思って、今度は救いに立つのです。「世界平和の祈りをやるといいですよ。とても心がやすらぎますよ」と自分の体験を通して、パンフレットでもリーフレットでも、白光でもいい、みなさんにあげたらいい。こちらが誠意があると向こうがついてくるんです。それも決まっているんだ。本当のことを言うと、みんな決まっているんだよ。だからのんびりしていればいいんです。ところがのんびりしようと思ったって、のんびり出来ないように決まっている人はのんびりしやしないから（笑）。もうしゃべるだけ無駄のようなものよ（笑）。でもしゃべることも決まっているんだから（笑）。のん気なものでしょ。このくらいのん気になったらいいです。

あくせくすることぐらい馬鹿なことはありません。といっても、あくせくするのも決まっているんだから（笑）。だから決まっただけあくせくしたら、もうあくせくしなくなるから、決まっただけしましょうね。それだけでものん気になります。それを教えるために、神々は来ていらっしゃるんです。

やはり決まった一つの過程があるけれども、心のほうは変わるのです。守護神が中から変えます。そうすると決まったように見えていて、しかも、いいように変わってくるわけ。悪いようには絶対変わらない。それだけおぼえておいて下さい。皆さんのように世界平和の祈りをしている人は、サーッと飛躍するのです。だから安心していればいい。そのようにのん気になると、病気も治ってしまいます。神経衰弱なんか治ります。のん気な人に神経衰弱なんてないですよ。

どうせこの世の中を生きてゆくんだから、いのちを生かし切るほうがいい。のん気になって生かし切るほうがいい。ああじゃないかこうじゃないかと思いあぐむ想いを、世界平和の祈りの中に入れてしまって、日常生活をそのままやっていけばいい。そうすると、前のそのままと、今のそのままとは全然違ってきて、心がズーッと開いてくる。すると人も寄ってくる。いろいろ面白いこともある。明るい話題もある、というように飛躍してゆくわけです。

一番いけないことは把《とら》われ。よくなろう、よくなろうともがきなさんな。もがかなくたって、世界平和の祈りをしていればよくなるに決まっているから。よくなろう、よくなろうともがくと、もがくことが業《ごう》になるからそれで苦しむわけですよ。ですから「ああ私は世界平和の祈りをやっているんだから、救われるに決まっているんだ」と思って下さい。二年たつか五年たつか、十年たつか三十年たつかしらないけれども、救われるには決まっているんです。一日たつごとに救われてゆく。病気の人などは一日ごとに治るに決まっている。いのち健《すこ》やかになるんだから。世界平和の祈り一念でいいんです。あとはなんにもいらない。普通の当たり前のことをやっていればいい。

（昭和37年9月24日）

＊註　白光真宏会前副理事長、故人。祈りによる世界平和運動に挺身、東奔西走した。著書に『霊験巡講記』『仲の悪い仲よしさん』等がある。

六、天地の通りをよくしよう

何も考えないこと　よく考えること

宗教の極意に空《くう》とか〝無為《むい》にしてなせ〟という老子の言葉があります。無為というのは、こうしようと思ってするんじゃない、ああしようと思ってするんじゃない。そのまま自然《じねん》法爾《ほうに》に無為にしてなせ、ということです。

どういうことが空であり、どういうことが無為にしてなすことなんだろう。自分がしようと思わないで出来ることがないじゃないか。自分が考えるからこそ出来るんだ。だから自分が何も考えないで出来ようがないじゃないか、と思うわけですね。

それは本当に人間というものをよく知らないからです。人間を本当に知ってくると、肉体の中に現われてくる想いというもの——頭の中でゴチャゴチャと思う。ああ今日はよい天気だろうか、雨が降りはしないかしら。今家で誰がどうしているだろうか、とこう思う。そういう想いと人間の生命《いのち》がそのまま法則に従って動いていくものとは違うんですよ。例えば、今ここで話をきいているから、何も思いませんね。だけど普通の場合は、家を出ると、家はどうなったろう、ガスに火をつけっぱなしで来たかしら、どうかしら、と今思ったってどうしようもないことを思っているわけです。

人間はどうしようもないことのほうを余計に思っているんじゃないですか。例えば来年子供が高校へいくんだけども、今どうしようと思ってる。今とやかく思ったってしようがない。

必要な時にその活動を開始すればいいわけでしょ。だから大体頭の中の想いのほうは、本当の実体の身になるものが出てこないで、かすばっかり出てくる。それなのに考えなきゃしかたがないと思っているわけ。

ところが達人になりますと、老子までいかなくても、相当な人になれば、一日中いちいちガチャガチャ思わなくたって、そのままでスースーと生きられるようになる。それはどうしてかというと、生命《いのち》の力というのは自然に働いているからなんです。

心臓が自然に動いているように、肺臓が自然に動いているように、胃腸が自然に動いているように、自然に動いているんです。心臓の鼓動を自分で決めるわけにはいかない。肺を自分で動かすわけにはいかない。大生命の力が小生命になって動かしているわけです。だからあらゆることが、本当は自然に動くのが原理なんですよ。大神の生命の法則にのって動いていくわけ。その原理を知らずに、恰《あたか》も自然に動いているんじゃなく、自分で動かさなきゃ動かないような感じがしている。

子供なら子供の教育は、こうしなきゃ、ああしなきゃ、というわけで、あんまりかまいすぎて弱くしちゃったりする。かまった人が善くなるかというとそうでもない。野放《のばな》しに放っておいても、丈夫になってピンピンしている子供もあるし、お金をかけて栄養だ栄養だとやっていても、弱い子もあるわけです。人間が一々頭で考えて育てていいものならば、そうして育てた子供は必ず丈夫になって、必ず偉くならなければならないけれども、野放しにしたほうが丈夫になる場合があるし、それが多いかもしれない。そうすると頭で考えてガチャガチャやったことが、果たして良いことか悪いことかわからないでしょ。だからこの頭で考える想いというものと、人間の本然の姿、いわゆる大生命から来ている生命の動きというものとは違ってくるんです。

しかし本当は違っちゃいけないんです。けれども人間が違わせちゃう。それを業《ごう》というんですよ。神の法則として動いている大生命の流れからはずれたことを、勝手にやっているのを業というんですよ。

大生命の至上命令に忠実か

そこで、宗教というのは、その流れをはずれて勝手に動いている想いを、一遍大生命の法則の中に入れる。どうしたら入るかといったら、まかせるよりしようがないでしょ。

自然に朝起き自然に夜ねむる。何時にねむろう、何時に起きようと、いかにも自分で寝て自分で起きているような感じがするけれども、起きるのなんて、スーッと自然に目が覚めるんですよ。自然に寝るんです。あんまり把われて、寝よう寝ようとしていると、かえってねむれなくなっちゃう人が随分あります。だから自然に動いて、自然に寝ているような形、自然に心臓が動き、自然に肺臓が動くと同じように、人間の考えも自然に湧いてくる。それを自然法爾というんですよね。無為にしてなせ、ということもそうです。自然に行動が行なわれてくる。しかもその行動、智恵はその時最も適したもので、人をも自分をも生かしている、というようなことになる。

普通ですと、何も考えないで出来るとは思わない。ところが私の体験ですと、今もズーッとそうなんだけれども、しようと思わなくとも出来るんです。

普通うしろに目がある人はいないでしょ。ところが私はうしろにもあれば横にもある。うしろから誰が歩いてきたかわかるんです。遠くのほうで想っている。誰が想っているのかわかる。どうしてわかるか。私の肉体の眼は近眼です。前のほうに座っていらっしゃる人の顔があんまりよく見えないぐらいです。ところがわかる。

昔修行中、歩いていると、うしろから誰がくるかわかる。だから突然振り向いて〝やあーしばらく〟なんてやられるから向こうはびっくりしちゃうんですよ。遠くに駅がある。すると電車から誰が降りてくるかわかるんです。それで落ち合って〝ヤアまってたよ〟なんてことになるんです。向こうは知らないんだからびっくりしますよね。

どうしてそういうことが出来るか、というと、無為にしてなせ、なのですよ。

地球科学で電磁場というのがあります。つまり電気が流れるとそこには必ず磁場と電場が生じるのですね。それと同じように人間の想いというのは、幽体という磁場つまり想いの波の流れる場所があって、そこに想いが一杯あるわけです。肉体にも磁場があり、霊体の磁場も神体の磁場もあるわけです。

神体の磁場というのは、ズーッと大きく宇宙に広がっているのです。そうすると神体の磁場で大生命からの光が流れて、それが働きとなるわけです。それが霊体を通り幽体を通り肉体にスーッと流れてくれれば、神のみ心がそのまま伝わっているわけです。神さまの行ないが素直にそのまま出来るのです。それが霊体まではくる、幽体でもってクチャクチャと思っていると、想いが一杯つまっているから、光が入って来ないんですよ。光が屈折してしまう。ズレちゃう。そうすると幽体肉体に溜まっている、詰まっている想いが出て来て、無為にしてなさないで、ああしよう、こうしよう、といつもいつも思い巡らしながらやっているトンマな生き方になる。

この自分の幽体で思っている想いを、神サマーって神さまの中へ投げ出しちゃうわけね。そうすると、想いが守護霊守護神の霊体神体を通して、自分の神体の中に入っていく。神体に入っていくと、いうなれば穴があくわけだ。通りがよくなる。すると神体の磁場で行なわれている命令が生命の動きが、スーッと肉体まで通っていくわけです。

そうなると、例えば歩いていて知らないうちに左に一歩踏み出したら、うしろをものすごい速さで自動車が通りぬけて行った、とか、会いたい人がある。何となくこっちの道を行きたいな。スッと行くと、会いたいと思う人にパッと会っちゃう、というようなこと。三人の人に会いたい。しかし一人一人会っていたんじゃ時間がない。ところが、Aの所もBの所もCの所も行かないで、用のないDの所へゆくと、なんのことない、Dの所へAも

ＢもＣも来ているじゃないですか。そこで三人の用が一遍に足りてしまう。そんなことを随分したことがあります。

空《くう》を飛びこえて前進する世界平和の祈り

そういうふうに、自然に行なったことが普通の人間がやる何倍もの力になって現われてくる。のんきに自然にやっていることが、すばらしい力になって現われてくる。それはどういうことかというと、自分の想いが全部神さまの中に入って、神のみ心のままに、というんでまかせているでしょ。〝どうぞ自分の肉体でもなんでも全部お使い下さい、み心のままに〟と全部自分の想いをなくしてしまう。それが空というんだね。すると肉体幽体のゴタゴタしている小さなチッポケな働きの想いではなくて、大生命、大宇宙の動きと一つの働きの力がズーッと入ってくるんですよ。

自分が自分が、自分がやるんだ、自分の力で……と力《りき》むと、天からくる力、神と通じている穴をふさいでしまう。どうぞおまかせします、と開くと、大生命から要するに実相から光が肉体に流れてくる。そうすると、人がわからないようなことも全部わかってくる。要するに神秘力があらわれてくるわけです。それを無為にしてなせ、自然法爾、空《くう》っていうんですね。だから空なんてむずかしいものじゃない。何も坐禅観法しなければ空になれない、というものじゃない。

空というと、何もないような気がするでしょ。何もない、というのはどういうのか。或る雑誌に、神道の人が仏教の禅をけなしているんです。禅などをやっているとみんなタヌキ坊主になってしまう。何故かというと、空になれ、なんて坐禅をしているけれど、空になんかなりっこない。何もなくなることはないんだ、そんなこと出来ないじゃないか。だからみんなタヌキ坊主になっちゃって、変な坊主がたくさん出来るんだ、というようなことを書いている。それを見て、アー一知半解なことをいうな、と私は思った。

自分が出来ないからといって、人も出来ないもんじゃない。出来る人があるかもしれない。自分に出来ないことを、人も出来ない、と思うのが浅はかなんです。

禅の空《くう》というのはどういうのかというと、肉体のほうの想いが何もなくなることなんです。一度、自分の想いを全部放棄してなくなって、無くなりっぱなしになると、空即是色《くうそくぜしき》になるんです。

色即是空《しきそくぜくう》の色というのは、ものという意味です。本当の姿と偽の姿とがまざっているものです。その色が即是空で空になると、今度は空の中から、空即是色になって、空は即ち光なり。色が本当の姿の現われだけになる。神さまの智恵、本当の働きがスッと出てくるんですよ。空になって自分の想いを全部投げ出した途端に、大神さまの光がそのまま入ってくるんです。パッとひらめいてわかる場合もある。今すぐひらめかなくたって、やがてだんだん現われて、いつの間にか、自然法爾に神のみ心のままに動いている自分になるかもしれない。そこで、色即是空、空即是色と二つつながっているんです。

その一番いい易《やさ》しい方法は何か、というと世界平和の祈りなんです。

何故世界平和の祈りがいいかというと、世界平和の祈りというのは、自分のことを思っているんじゃない。世界が平和でありますように、みんなが平和でありますように、大調和しますように、という想いが〝世界人類が平和でありますように〟という祈りでしょ。

大神さまのみ心というのは、世界人類が平和であることとです。神のみ心が現われるということは、世界中のありとしあらゆる生物がみんな調和して生きること。それが大神さまの大調和の姿が現われることとです。つまり世界人類が平和になることは、大神さまのみ心そのままが現われていることとなんですよ。だから〝世界人類が平和でありますように〟と祈ることとは、大神さまと一つになるということとなんです。今にだんだんわかってきます。

〝世界人類が平和でありますように〟と人類愛の深い広い心になると、空《くう》になったと同じなんです。空をとびこえて、空即是色なんです。往相《おうそう》（大生命に昇っていく姿）と還相《げんそう》（神さまの光と共に菩薩行として帰ってくる）が一つになってしまう。それが世界平和の祈りなんです。

だから空、空というと、いかにもむずかしそうだし、無為にしてなせというとむずかしそうだけれども、神さまのみ心の中に全部入っていさえすれば、それは空即是色で、無為にしてなせということと同じになるわけです。自然に自分のやったことが神さまのみ心に叶った、神さまがそのままやっていることになるというんですよ。それはどうやったらいいかというと、世界平和の祈りをそのままつづけていると知らない間になってくるのです。

見ようと思わないで見られる状態

私が今のように悟った時には、世界平和の祈りも何もなかったでしょう。どうしたかというと、〝神さま、どうか私のいのちをお使い下さい〟ってパッと投げ出したわけですよ。その時〝お前の生命《いのち》は貰った〟と天からひびいて来て、自分が白光《びゃっこう》になっちゃったでしょ。それからさんざん苦労したんだけれどね。私は中心でやる立場になっているから、いろいろな苦労を嘗《な》めないと、みんなの苦労がわからないから、苦労したんだけれど、それで今になって来た。

今の状態はどういうのかというと〝無為にしてなせ〟です。右へ行こうと思って行くんじゃない。左に行こうと思って行くんじゃない。喋《しゃべ》ろうと思ってしゃべるんじゃない。見ようと思って見るんじゃない。それなのにスッとわかる。

例えば、本部でお浄めしています。十人位前に坐っています。その人たちの想いも全部わかる。それに電話がかかってくる。電話をかけてくる人の波もわかる。あちらの部屋で話していることもわかる。全部わかっている。横関さん[*註]が電話をきいていて「先生あの…」「ああそれはこれこれこうしなさい」もう終わったとたんに私は答えを出している。どうしてわかるか。

肉体の人間の頭では、一人と話をしたら精一杯で、側から何かいわれると、〝うるさい一寸だまっててくれよ。順々にやってくれ〟なんてなるでしょ。聖徳太子が何人かの話を一遍にきいた、といいますね。やっぱり聖徳太子は無為にしてなしているんです。神我一体になっているわけ。だから何人いたって、話をきかなくったってわかる。

そういうようになるにはどうしたらよいか、というと、〝いのちを捨てざれば生命を得ず〟というイエスの言葉を私は好きですが、自分の想い、肉体のいのちというものを、すっかり神さまの中に投げ入れちゃうと、神さまの大きな想い、大きな光、大きな力がスーッと入ってくるんです。

みんなは肉体という、あるいは幽体という想いでもって、縮まって、小さく小さくなっている。それで生きている。ところが人間は本当は神の子です。神というのは無限の宇宙の生命でしょ。その中の自分なんだから、どこだって自由に行けるじゃないですか。光が流れてくるんだから、宇宙に広がっているわけです。宇宙に広がっているんだから、何だってわからなきゃならないんです。それがわからない。

ピンからキリまで

この頭で考えないで何が出来ますか、なんて文句をいってくる人がありますよ。頭で考えないでどこで考えるんだ、ってね。「お前のその現われている頭で考えるんじゃないんだ。お前さんはこんな小ちゃな頭だと思っているんだろう。本当の人間の頭はこんなのじゃない。宇宙大に大きいんだ」とこういうわけね。いわれても何だかわけがわからない。だけどだんだんわかってくる。

ということは、肉体の頭はこんな小さそうに見えるけれど、その中には脳細胞が六千億あるといわれておりますね。それを広げると、宇宙大にひろがるんですよ。

原爆のウラニウムというものは、ごく小さいものでしょ。それが爆発するとものすごいエネルギーが出る。世界が吹っ飛ぶようなでかいエネルギーが出る。人間の体はウラニウムよりもずっと大きいです。そしていろんな元素が入っている。ウラニウムの何万倍何兆倍あるかわからない大きなもんですよ。これを原子爆弾のように爆発させてごらんなさい。一遍でもって地球は吹っ飛んじゃう。一人でその位のエネルギーを持っているんです。すごい破壊力を持っているんです。ということはその逆に、素晴らしい有効な力も持っているというわけです。

原子力がそうでしょ。破壊の爆弾に使えば人類を滅亡させてしまうけれども、有効に使えばすごいエネルギーを出す、素晴らしい動力源になる。

だからあらゆるものは、どんなものでも、使いようによって、善くもなれば悪くもなる。火でもそうです。火がなければこの人生は生きていけない位大事でしょ。ところが火事になっては大変です。水もそうです。水がなかったら困るけれど、あまって溢れて流れたら大水になって困っちゃう。

人間もそうです。人間程使いようによって困るものはありやしない。世界を亡ぼすのも人間ですし、世界平和を築くのも人間です。

人間、と一口にいうけれど、動物よりも劣った低級な低劣な者もいるんですよ。そうかと思えば、人類を救おうという人がたくさんいます。差が甚だしいです。どこで線を引くか。一般大衆の当たり前に生きている人が真ん中とすれば、上、下が甚だしく違うでしょう。そういうふうに善くなればどこまでも善くなるし、悪くなれば動物よりも何よりも、犬畜生よりも劣るもの凄く悪いものになるんです。

○○某とかいうのが出ていますね、真犯人だとすれば、犬より劣った奴だ。殺しておいて身代金を取ろうというんだからね。ああいうものが人間のうちにいるわけだ。そうかと思えばヘレンケラーなど、ああいう立派な人がいます。釈尊だってイエスだって、みんな立派でしょ。釈尊、イエスといわなくたって、立派な人がたくさんいます。

そうすると、人間というものは、自分のやり方によってはどこまで上に行くかわからない。どこまで下がるかわからない。みんな自分の責任になるわけです。自分というのは、人類全部に責任があるわけ。人類全部のことは自分に責任があるのです。

だから少なくとも宗教をやろうという人は、この一般の中央のレベルより上へ行かなきゃいけないですよ。上へ行く方法は何かというと、やっぱり肉体の人間というものを一遍捨てなきゃだめです。肉体でやっているんだ、私の頭でやってるんだ、というそういうものを捨てなきゃだめ。

力《りき》まない生き方を

私、よくスポーツの話をするけども、拳闘《ボクシング》などでも、ノックアウトしたいなんて意気張ると、体に力が入っちゃってうまくいかないんです。ところが何にも思わないで、スーッと出したものが当たると、ノックアウトしちゃう。日頃の練習の成果が自然に出たからですね。野球でもそうです。狙ったら打てない。打ってやろうなんて力む時は打てない。ところが自然に打っているとホームランが出る。それは日頃の練習によりますよ。よるけれどもその場でいちいちこうやろう、ああやろうというんじゃなくて、自然にスースーとやったものがうまいことになるわけ。

相撲でもそうです。よくアナウンサーが、私ねバカじゃないかと思うんだ、勝って土俵から相撲取りが帰ってくるでしょ。「今日は何関どういう手で？」「なんの手だかわかりません」（低い声色《こわいろ》を使ったのでみんな大笑）無理ですよね。相手は話下手《はなしべた》のところへもってきて、しかも汗をかいてハアハアしているところでしょ。どういう手で、たって咄嗟にやるんだからね、どういう手で投げようもヘッタクレもありゃしない。きくほうがバカですよ。日頃の修練が自然に巧まずして出ていくわけ。巧んだ時にはだめなのです。

今まで組み手が悪かったのに、今度二本差しになった。よく知ってるでしょ、何でも知ってるんだから（笑）。優位になった時に負けちゃうのがあるじゃないですか。何故優位になったのに負けるか。心がゆるんで、しめた、これでこう投げてやろうなんて思うから、心に隙が出来る。だから負けちゃうのですよ。日頃の練習がそのままさわりなく通っていれば、とてもいい成績が出るのに、ひっかかるとだめなんです。

ですから人間の普通の生活でも、頭でいちいちこうやろう、ああやろうとひっかかっていると、ひっかかったその時だけ、いのちの光、流れがとまってしまうのです。スムースに流れない。だからうまくいかないんですよ。いつもいのちが素直にスースーと流れているようにするにはどうしたらいいか、というと、我《わ》が生きるは、私が生きているんじゃないんだ、自分が生きているのは神さまが生かしてくれているんだ、自分の本心がここに生きているんだ、という形、おまかせですね。み心のままに、ということです。

神体の頭と通りをよくしよう

私は〝み心のままに〟という言葉が好きで、み心のままにと任《まか》せきってしまう。任せるということはこの頭のゴタゴタをなくすわけだから、無くなってくると、いわゆる本体の力がサーッと流れて来て、自分で思いもかけないような素晴らしいことが出来るわけです。自分でやろうたって出来ないこと肉体の自分ではどうにもならないことがこの世界にはたくさんある。人の心がわかることなんかもそうでしょ。光が流れてくるのがそうでしょ。

私は一朝一夕でこうなったわけじゃない。長い年限があって神我一体の形で、自分が何も思わなくても、神の姿がそのまま現われている、というようになったわけです。その間の苦心たるや大変なもんなんで、私は他の人にはそうした苦労をさせまいと思って『天と地をつなぐ者』にも、皆さんにはそう苦労させないで、立派になるようなことを書いているんです。

皆さんはどうしたらいいかというと、私と同じことをしたってしようがないから、世界平和の祈りの中に入ってしまえば、私のほうでうまくコントロールして、皆さんの頭の中をきれいに掃除して、通りをよくしてあげます。天と地をつなぐ通りがよくなるのは、神界と自分の頭の通りがよくなるのは、やっぱり平和の祈りなんですよ。

〝世界人類が平和でありますように〟といつも思っていると、肉体の磁場も幽体の磁場もきれいに掃除されていくのです。そうすると霊体、神体の磁場、光の波動がそのままスーッと入ってくるんだ。そして常識をはずれないで普通の行ないをしながら、人よりも優れた人になるわけですよ。

（昭和38年8月）

＊註　白光真宏会前理事長、故人。

七、解脱と全託

完全な解脱

解脱《げだつ》ということについてお話しましょう。私がよくいうんですが、仙人のように神通自在になって、姿が消えて何処でも飛んで歩けるような力を持っていても、本当に解脱していないと、正覚《しょうかく》を得ないんです。仏さまの境地、神と一体にならないんです。

どういうことかといいますとネ、自分というものと神というものとの間に、へだたりがあればそれは本当に解脱していないんです。

現われている自分というものの想いがスッカリなくなって、神さまからそのまま流れてくる、いつでもそのまま流れてきているという、そういう形にならないと本当の解脱じゃないんです。だから解脱即正覚というんですね。

何にも把われがない、想いが何にも乱れない、乱れる想いもないんです。一挙手一投足が自然法爾《じねんほうに》に神さまのほうからやらやらされている、ということが自分がやっていることと一つになる。つまり、やらされていることと、やることとが一つになる。観《み》るものと観られるものが一つになる。思うことと思わされることが一つになっていく。そういうのを解脱しているというのです。

ところが一生懸命行《ぎょう》をやった、修行した仙人みたいな形の人、行者のような形の人の中には、それは正覚を得た人もありますよ。役行者《えんのぎょうじゃ》のような人もいるんだからね。

役行者という人は山から山へ渡り歩いて修行に修行を重ねた人で、初め観音さまをまつって祈っていた。ところが観音さまにも依存しちゃだめだ、と観音像を谷へ捨ててしまって、自分の念力だけで、ついに形が消えちゃうんですね。屍化仙《しげせん》といいまして、屍《しかばね》を残さないで、いわゆる肉体を消しちゃって、肉体がそのまま霊化しちゃった人なんです。自分の力でネ。それほど凄い人です。役行者《えんのぎょうじゃ》ばかりでなくその弟子に随分尸化仙《しげせん》がいるんです。しかし、それだけでは解脱したとはいえないんです。肉体がなくなっただけで解脱したということはない。

神通力の有無に無関係

自分というものが神さまの一つの光の流れだ、ということが本当に心の底からわかりきらないと、解脱したということにならないんですよ。分けられた自分というものと神さまとが分かれていたら、解脱にならないんです。いくら神通力があって、人の心が全部わかったとしても、ここから姿を消して遠隔地へ飛んでいけるとしても、水の上を歩けたとしても、岩を何も使わずに動かせたとしても、山を動かしたとしても、地震を起こしたとしても、雨を降らせたとしても、それだけでは本当の完全な解脱というわけにはいかないんですよ。それは何故かというと、奇蹟というもの、自分の力というものに把われているからです。

だから仙人などというのは、一つの行《ぎょう》の方法がありましてネ、それによっていろんな神通力を出すわけです。ところがそれに把われている。把われているからその範疇《はんちゅう》でないもの、離れたものとは交流がうまく出来ないんですよ。この世の宗教者で立派な人であっても、普通の世間の人とのつきあいが出来なかったりする場合がある。自分だけは高い所に行っちゃうから、この地球界に住んでいながら、地球界の人とはまるで交渉が出来ないような立場になってしまう場合もあるんです。

孤高《ここう》、つまり、自分一人高く人よりそびえ立ってしまうと、他との釣り合いがとれないから、他との付き合いが出来なくなっちゃう、日常の社会の付き合いが出来ないような立場になる人がある。それは本当は解脱してないんです。

大聖は街に隠れ、小聖は山に籠るで、大きな聖人というものは町にいてちゃんと仕事をしているというんですね。

それは何故かというと、自分がどんな高い地位にいても、平気で貧しい人とでも話せるし、若い人とも話せるし、年寄りとも話せるし、誰とでもいつでも心が交換できるような自由な心になることが、宗教の極意なんですよ。どの世界に住んでも、例えば地獄に住もうと、霊界に住もうと神界に住もうと、何処に住もうと自由で把われがない、という心にならなければ、本当の解脱《げだつ》というわけにはいかないんです。

解脱への道

一つの固まった行《ぎょう》をしなきゃ淋しいような、行をしていなきゃ自分が頼りないような、それじゃあ解脱してませんね。何をしなくたって、どうしたって、自由自在ということにならなきゃいけないのだ、だけれども、そこへ行くのが大変だ。

そこで私は、あらゆる想い、悟ったという想いも、駄目だという想いも、相手が悪いという想いも、自分が悪いという想いも、失敗したという行ないも、すべて消えてゆく姿なんだというんです。

この世に現われて、どんなに偉そうに見えたって、偉くなさそうに見えたって、そんなものはどっちにせよ消えていく姿。在るものは何かというと、宇宙神の光が流れて来ている。流れてそのまま生かされている。生かされているということと生きているということが全く一つになっている境涯、そういう境涯が一番尊い境涯だ。だからその他のあらゆるものはみんな消えていく姿なんだ、ということなんですね。それでふんわりしていればいい。そのまま生きていればいい。

〝そのまま〟とどこの宗教でもよくいうけれども、その〝そのまま〟がなかなかわからない。そのまま、というのは、現象界のあらゆる出来事に把《とら》われない。把われてもすぐ放せる。消えてゆく姿！　とパッと放せる。そういう心になることが一番の悟りなんですよ。そこへ行くんですよ。宇宙人というのはそういう境涯なんです。神さまのみ心と自分たちのやっていることが全く一つになっている。それで神さまをとても信じているし、判っているんです。神のみ心によって自分たちが仕事をしているんだ、ということをハッキリ知っている。それで、自分たちの想いと神さまの想いとが一つになってスーッと降りてくる。そういうのが宇宙人なんです。そのようにやがて地球界もすべてなるんです。霊体になってしまうのと同じですね。すべての修行はそうなるためのものであって、神通力があろうが能力があろうが、それはこの世だけのことであります。

だから、解脱《げだつ》した境地からでてくる光、力というものは、それは素晴らしいし、本当の意味の神通力ですね。そうならなきゃいけないし、やがてみんなそうなるんです。

為すべきは全託のみ

役行者は、自分でもってこの体をスッと消せられた。統一したままで姿が消えちゃったんだから、凄い意志力というか念力ですね。そういう念力の持ち主でありながら、消えてしまってから何をやったかというと、自力は駄目だと思ったんだネ、自分の力では限度があって、いくらやってもやっても駄目なんだ、だから全部大神さまの中に入らなきゃいけない、というんで、全託するという所へ入っていったわけです。それで救世の大光明の中心者になったんですよ。

よく滝に当たったり、水をかぶったり、山に籠ったり今時やっている人もあるけれど、そんなもの昔の修験者からくらべたらものの数でない。昔の役行者一統の修験者の難行苦行なんていうのは、もう言語に絶するんですよ。狼や獣ばかりがいる山に籠って、食物もなければ何にもない。雨風にさらされても平気。誰も人気のないような所、チミモウリョウがいる所でスーッと坐って、修行できるなんていうのは大変なことですよ。チベットの仙人たちもやっていますね。そういうことを昔の修験者はやっていたんです。その修行の様《さま》なんていうのは、今の人が滝に当たって行をしました。山に籠って行をしました。断食しました、そんなのとはてんで桁《けた》が違うのですよ。だから、どんなに修行したって昔の修験者の修行には及びもつかないんですよ。

それ程やって、生命をかけ肉体をすべて捨てて、修行に修行を重ねた役行者のような人のいうことが何かというと「全託《ぜんたく》あるのみ。宇宙神のみ心の中に全部投げ出す以外に悟る方法はないぞ」ということ。そして私のところに来ているわけね。実は私なんだ。だから、あそこで修行しました、なんて偉そうなことをいってくる人もありますが、子供のような赤ん坊のような修行をして何をいっているか、と私は思うんです。

それほど修行がいるわけなんです。ところが皆さんもやっぱり過去世《かこせ》においては、大変な修行をして来ているんですよ。だから今は、全託行《ぜんたくぎょう》だけでいい。過去世からの修行の最後の磨きをかけるための全託行になって、すべて神さまのみ心の中に投げ出せる、ということになるわけなんです。

全託行は日常生活の中で出来る

段階がありまして、小さな修行から凄い厳しい、生命もすべてもかけた修行から、すべてを投げ出す、全託するというところまで来る。だから神さまにスパッと全託できるような人は、さんざん過去世において修行した人なのです。ですから今更、滝に当たったり、水をかぶったり、呼吸法をやったり、そんな小さな修行なんかする必要はないんですよ。

今は、神さまのみ心に「世界人類が平和でありますように」とすべてを投げ出してしまう。「世界人類が平和でありますように」という時には、もう、自分というものは世界人類の平和の中に入っている。世界人類の平和というものは神さまの大御心なんだから、神さまのみ心の中に入っているわけなのです。消えてゆく姿で世界平和の祈り、というのはそこなんだ。

自分も無い、人も無い、すべてないんだ。みんな消えていく姿なんだ。あるものは神さまの平和のみ心だけなんだ。世界人類が平和でありますように、って入っていくんですよ。それが全託なんです。

変に修行したい人があるんですよ。しかししたきゃしたってかまわない。只そんなものは何にもならないということなんです。例えば、発明がある。九十九%は出来ている。あと一%がどうしても解けない。その発明は完成してないわけです。そうすると、全然何も考えていないことと、九十九出来ているけれども一つ足りないということとは、やっぱり効果的に同じことなんです。役に立たないんだからね。テレビがある。けれど真空管が一つなかった。というのと、全然テレビがおいてない家と同じでしょう。それと同じですよ。かえって使えないんだから邪魔かもしれない。使えないものは無用の長物でしょう。だから使えないことをやってもしようがない。

使えるのは何か、というと、完成品です。ズバリ完成品を持って来なければ何の役にも立たないでしょう。今はズバリ完成品を持ってくる時代なんです。こちょこちょ小さい修行なんかしなくていいんです。

修行といえば、日常生活であらゆる修行をしているわけです。子供が病気になり、夫や妻が病気になり、自分も病気になったり、貧乏になったりするのは、大変な修行なんです。それが修行なんだから、わざわざ昔のように山に籠ったり、滝に当たったりする必要はない。そんなにして体をいじめる必要はない。それよりも、どれだけ神さまのみ心にまかせられるか、ああこれで生きても死んでも神さまが生かして下さるんだから、これでいいんだな、どんな悪いことが現われても、それは消えてゆく姿なんだな、と、何でもかでも神のみ心の顕《あらわ》れだということを肯定できるような、すべてに感謝できるような、そういう心になることが、修行の修行の最大の修行です。

心の修行が一番

心の修行というのが最大のことです。体の修行など二の次、三の次です。心の修行が出来ると体が自然に修行していくわけです。

力道山のことをいうんじゃないけれども、力道山はものすごくタフネスで、凄い力の人ですね。だからまさか力道山が短刀で刺された位で死ぬとは誰も思わない。あんなに鍛えた人なら短刀で刺された位なんでもないと一寸思いますね。だけど死んでしまった。かえって偏頗《へんぱ》に肉体の外部は鍛えてあるけれども、中の内臓器官は案外弱っていたかもしれない。

いかに肉体を鍛えたといっても、現代で力道山ほど鍛えた人はないでしょう。鉄亜鈴《てつあれい》をぶつけたり、鉄の玉をぶつけたり、バットで叩いたりでしょう。惜しいことをしちゃったと思うのですよ。あれだけ鍛えられた人が、短刀で刺された位で死んじゃうでしょう。いかにいかに人間が肉体を鍛え鍛えたとて、たいしたことはない、ということがわかるでしょう。

何が一番大事か、というと、心を鍛える、要するに想いを鍛える。想いが乱れない。恐怖が起こらない。弱らない。そういう想いにしなければならない。何があっても心が平然として澄み切っていられるような、そういう人間になることが一番大事ですよ。それは永遠の生命を得たことです。

心が何事があっても乱れないということは、永遠の生命を得ることなんです。肉体はいくら鍛えたって、死んでしまえばそれまで。あとは心の在り方です。心の問題で高くも行けば低くも行く。心が全部決定する。

心というのは想いのことです。想いが乱れなきゃ心が平静なんです。心と想いとは別のもので、心の上を想いが往ったり来たり走っているんだからね。心というものは神さまの光そのもの、生命そのものです。想いが往ったり来たり走らないでピタッと本心の中に入ってしまえば、スカーッと光り輝いちゃうわけです。そういう人間になることが一番大事なことです。肉体を鍛えるということも必要だけれども、心を鍛えるとは別の問題で、心を鍛えることが一番大事です。

ところが、どうやったら心を鍛えるのか、方法がわからないでしょう。そこで、想いというものを、すべて神さまのみ心に投げ入れちゃいなさい、生きるも死ぬも、現われて来るすべては神さまのみ心でなされているんだから、自分の想いで何事も出来ないんだ。肉体の我《われ》は何事も為《な》し得ない。だから想いを全部を神さまのみ心の中に入れてしまいなさい。只入れたんじゃ面白くないからネ。目的をもって入れなさい。何の目的かというと、世界が全部平和になりますように、誰も彼もがみんな仲良く、みんな調和して、平和に生きていかれますように、ああ世界人類が平和でありますように、というような目的をもった中に想いを全部入れちゃいなさい。それで神さま有難うございます、と入れると、そうすると、世界人類が平和であることは神さまの大御心だから、み心の中に自分が入っちゃうわけですよ。自分の本心の中に入るわけです。そうすると想いが乱れません。

世界平和の祈りに決定《けつじょう》したら想いは乱れません。そういうことを悟りというんです。だから一番やさしい悟りの方法、解脱《げだつ》の方法が、消えてゆく姿で世界平和の祈りだというんです。

いくら只想いを叩いてみたって、体を叩いてみたって、それは一部の枝葉のことに過ぎない。全部投げ出すことが一番よい。役行者がいっているんだから間違いない。役行者ほど鍛えに鍛えた人はないんだから。その役行者が「いくら鍛えたって、そんな鍛えは枝葉のことだ。一番素晴らしいのは全託なんだ。只全託といってもなかなか出来ないだろうから、世界平和の祈りのような、大きな目的をもった中に自分が入っていき、想いを常に常に入れていれば、知らないうちに全託になってしまうんだよ。それが一番やさしい解脱《げだつ》する方法なんだよ」と教えてくれているんです。

肉体は何事もなし得ないんだ

私はいつもこればっかりいうけれどもサ、自分の肉体に力があると思ったら間違いです。肉体はそれ自身では力がないんです。いかに神さまのみ心の力、能力を自分の肉体を通して現わし得るか、ということです。どれだけ神さまが使い良いような肉体になるかということが問題です。

神さまが使い良いような肉体になれば、その人はしめたもの。一〇〇%使い良いようになればそれは覚者《かくしゃ》、仏《ほとけ》です。だから「どうか神さま、自分の肉体が使い良いようになりますように」つまり「我が天命を完《まっと》うせしめ給え」というわけです。そうすると、自然に、神さまが「よし愛《う》い奴じゃ」っていうんで、スーッと光を流してくれる。

自分がこう修行しなきゃ、自分で、自分が……とそんなことをいっていたら、ろくなことはない。それはそれだけ神さまから離れている時。神さまどうかみ心のままになさしめ給え、と想っている時には、神さまはやりやすいんです。それで神さまが修行させたほうがよければ、何処かへ行って修行させるかも知れない。病気をさせたほうがいい時は病気をさせるかも知れない。それは向こうさんの勝手です。しかし、やがてはその人を充分意義ある仕事に使おうと思ってそうするわけです。それは神さまが知っていらっしゃるんだ（神さまというのは自分の本心、あるいは守護霊守護神といってもいい）。だから神さまに委《まか》せればいい。これは私自身がさんざん経験して来たんだし、いろんな人を指導して、そうやったら立派になっていっているのですよ。

自分が自分がと思う時には、こうしなきゃと思った時は、祈りの中に入れてしまいなさい。それでもスーッと出て来てやりたかったらやればいい。やったことが失敗であろうと成功であろうと、そんなことは問題じゃないんです。只自分が一生懸命神さまを信じて、神さまのみ心の中に入りながら、世界平和の祈りをしながらやっていけばそれが失敗であっても成功であっても、失敗はやがて大きな成功になるし、成功は次の成功を産むでしょう。とにかく、自分のやらなきゃならない大きな天命を果たさせてくれるのです。一〇〇%全託すれば一〇〇%自分の天命が完うされる。九〇%なら九〇%、八〇なら八〇、とどれだけ委《まか》せたか、全託の程度によって、天命が大きくも小さくも果たされてゆくのです。

（昭和39年1月27日）

八、はじめから悟っている自分

無限億万年の昔から悟っている仏

法華経《ほけきよう》の如来寿量品《にょらいじゅりようぼん》に、お釈迦さまは菩提樹《ぼだいじゅ》の下ではじめて悟ったのではなくて、永遠の昔から仏であって、つねに衆生《しゅじょう》を教化して仏道に入らしめていたとありますが、これについて説明していきましょう。

お釈迦さまは断食したり、身体を痛めたり、いろいろ苦行しまして、最後に、苦行は悟りの因ではない、といって菩提樹の下であけの明星《みょうじょう》をみて悟ったわけです。ところが悟ってからどういったかというと、三十何歳で悟りを開いたのではない、自分は無量阿僧祇劫《あそうぎこう》から、つまり、無限億万年の昔から悟っている仏なんだというんです。

ちょっときくとおかしいですね。三十何歳で悟りを開いたのに、悟りを開いてみたら、自分は三十何歳で悟りを開いたのではなくて、昔のむかし、無限億万年のむかしから、いわゆる生命を得た時から悟りを開いたものだ、というのですね。矛盾するようでしょう。

これはどういうことかといいますと、いつも私が申しておりますように、この肉体に現われている人間というものは、あなたとか私とかいうものではなく、あなたであり私であるものの一つの生命の現われとして、肉体人間として生まれてきているのです。だから私もあなた方もすべてほんとうは、神さまのみ心のなか、仏さまそのものの姿で生きているのです。

ふつうこの真理がわからないで、五十歳の誰某、三十何歳の誰々、八十歳の誰々と、迷いのなかの、業生《ごうしょう》のなかの波に合わせて生きているのが人間であると思っているわけです。それが私でありあなたであると思っているわけです。ところがほんとうは、神のみ心、真実の自分が地球界に働きをひろげるために、地球界を開発するため、開拓するために、かりに肉体身に現わしている自分なのです。

お釈迦さまはそれがわかったわけです。だから三十何歳で悟りを開いたのではなくて、阿僧祇劫《あそうぎこう》以前、いいかえればどんな数を積み重ねてもはかりしれないくらいの昔の無限年間の前から悟りを開いているということは、自分の本体は仏そのものであり、神そのものであるということなのです。そうお釈迦さまは悟った、そこでみんなにわかるように阿僧祇劫前から悟っているのだと説明しただけなのです。

現代流にいえば、永遠の流れというものは大生命、一《いっ》なるものがいくつにも分かれてこの宇宙が出来ているわけですね。その一なる神のみ心のなかに自分がいたわけですが、その一なるものが各種に分かれて、私流にいえば七つの直霊に分かれて、さらにそこから分霊魂魄《こんぱく》としてこの肉体界に宿っているのです。ですからもとの自分、ほんとうの自分というものは直霊そのもの、神そのものであるというわけです。これがわかればいちばんいいのです。

肉体界で何歳で死のうと、どうなろうとそんなものはなんでもない。消えてゆく姿。泡泡のようなものなのです。時間がたてば忘れてしまうものです。ところが永遠の生命というものは、無限時間永遠に生きているものですから、それは忘れようも、消えようもない、実在するものなのです。なんの誰がしという名前で現われているものではなくて、生命そのものの、自分そのものが永遠に生きているんです。それでしかも永遠に生きているというものは個性を持っているのです。

ただ、唯一の神のみ心は働きとしてほうぼうに分かれている。その働きの源というものが本体なのです。Aであり、Bであり、Cである働きのもとにいるわけです。ですから神さまのみ心にそのまま入る、全託すると、肉体界の想いというもの、あるいは幽界の想いというもの、霊界の想いというものが、つまり小我が全部なくなってしまって、神そのものが現われてくる。神のみ心が行動となり、教えとなってゆくわけです。

そういうことの出来る人は、神さまのみ心そのままであるから、今、悟ったのではなく、永遠に生きている自分であり、神そのものの仏そのものの自分であり、初めから悟りを開いている自分であるということになるのです。法華経の寿量品《じゆりようほん》はそれをいったわけです。

悟りを開くということは

そこで考えなければならないことは何かというと、肉体の生活をよくしよう、肉体生活の幸せを得よう、ということは二の次、三の次であって、いちばん大事なことは、悟りを開くということなのです。これがほんとうの幸せを得ることなのです。

悟りを開くということはどういうことか、というと、自分の本体、自分の本質をハッキリ体覚することです。その本質は何かというと、神のみ心である、唯一なる神、絶対者のなかにそのまま生きている自分であるということ。それがわかりさえすればいいことなのです。

それをわかるにはどうしたらいいかというと、頭のなかで右往左往して、これが損だこれは得だ、こうしなければ、ああしなければ、と思いまどうこころ、また小智才覚をなくすことなのです。そこでお釈迦さまは〝空《くう》〟になれといったのです。空になって、空になったところから自分の本体が現われてくるのだ、阿僧祇劫《あそうぎこう》から生きている、永遠に生きている自分がそのまま現われてくる。だから空《くう》にならなければいけない、といったわけです。

本体の自分の現われを閉ざして、少しずつたまった知識とか、たまった経験とかで力は出てくるが、空になって出た力とはまるきり違ったもので、消えてゆく姿で、諸行無常の力なのです。そこで、色即是空《しきそくぜくう》といった。空になると、神さまの力がそのまま現われてくる。そして空即是色《くうそくぜしき》とひらけて、空になって現われてきた物事、事柄というものは、すべて本体、神のみ心から出てくるものだから、素晴らしいものなんだ、だからそうなりなさいよ、と般若心経を説いたのです。

お釈迦さまは悟りを開いた時にそれがわかったわけです。そしてそれを弟子たちに教えたわけです。直接、お釈迦さまに教わった人は、現在、生まれ変わって生きています。皆さんのなかにも随分います。お釈迦さま時代にきいた時にわからなかったことが、今日になってだんだんわかってきた人も随分あります。もちろん、皆さんも何べんも何べんも生まれ変わっているわけですよ。世界平和の祈りをほんとうにわかる人は、そうとう古い魂で、何べんも生まれ変わっているのです。

なんども生まれ変わり、霊的体験、肉体的体験におけるいろいろな体験を加えていきますと、ああ、この肉体の世界というものはただたんに消えてゆくんだナ、ほんとうに在るのはお釈迦さまと同体である、仏と同体である自分なんだナということを、だんだん悟ってゆくわけです。

神のみ心のなかに入る祈り

悟るためには空にならないといけないけれども、空になることは非常にむずかしい。また小智才覚でなんにも思わないということもむずかしい。この現象世界では想いにとらわれてしまいます。とらわれてはいけないということも、空になるということもなかなかむずかしいことなので、私はどうしたかというと〝消えてゆく姿〟を使ったわけです。

この頭のなかで、いいと思うことも、悪いと思うことも、あいつはいやな奴だと思うことも、他からおかされることも、自分から出てゆくことも、すべて真理に反することはみんな消えてゆく姿なのです。あるものは神のみ心だけなのです。いやなことがあったら、過去世からの業想念が今現われて消えてゆくのだ、消えてゆく姿だ、と神さまのみ心の中へいやなことを持ったままで入ってしまいなさいというのです。

神さまのみ心の中に入るにはどうしたらいいか、そこには祈り心がほしい。祈り心といってもどういうことかわからない。……自分と人類は同体で、自分というものは人類の中にあり、人類は自分の現われなのです。人類が自分でもあるのです。だからほんとうは自分が人類の中に入りこんでしまわなければいけない。それにはどうしたらいいか。人類すべてが平和でありますように、幸福でありますように、本体が現われますように、というので〝世界人類が平和でありますように〟という祈り言《ごと》が出来たのです。

そして〝日本が平和でありますように、私たちの天命が完《まっと》うされますように〟という祈り言がつづいたわけですが〝私たち〟というのは自分たち一家だけではないのです。私たちを含めて無限の数です。いわゆる世界人類です。ですから、世界人類の天命が完うされますように、ということと同じことなのです。そういう祈り言をすると、つねに自分は人類の幸せを願う心でいっぱいになっているわけです。一人の人間が三十数億の幸せの中に生きているわけです。そういう大きな大きな自分になってゆく。

いいかえれば、神のみ心の中にそのまま入っているということです。〝世界人類が平和でありますように〟という祈り心で、神さまのみ心の中に入ってしまうわけです。入る時は自分の持っている業想念——誤った想い、把われる想い——もそのまま持って祈るのです。そうすると、自我欲望にまつわる、いろんな小智、才覚、もろもろの間違った想い、人からおかされる想いというものが、みんな世界平和の祈りで一緒に消えてゆくわけです。

これを何回も何回もくりかえして祈り、だんだん深くなってゆくと、しまいには業想念がスッカリ消えるわけです。初めは深く入れないかもしれない。しかしみんな練習ですから、だんだん深く祈りの心の中に入ってゆくうちに、いつのまにか、自分の幸せだけ願っていたことが、ほんとうに、世界が平和でなければいけないナ、というふうにだんだん心がつよまってくる。そうすると、自分の心がサバサバとしてくるのです。心が青空のように晴れわたってくる。

こういう境地はやっぱり悟りの境地なのです。お釈迦さまはそういうように悟ってくるのだ、という一番のもとを説いているわけです。それをわれわれが、お釈迦さまの心を了解し、悟って、現代的にはこういうように説きあかそう、といって〝消えてゆく姿で世界平和の祈り〟という生き方を発見したわけです。

（昭和43年4月）

九、把われをはなてば

本来人間に備わっているもの

いつも申しますけれど、誰でも人間というのは肉体だと思います。なぜ肉体だと思うかというと、五感の眼、耳、鼻、舌、触覚、この五つの感覚でしか見ていないからです。ところが本当の人間というのは、無限の感覚があるわけなのですね。五感以上の六感もあれば、七感もあれば、ずうっと深い感覚があるわけです。

たとえば犬は、ご主人が帰ってくる。それも門の遠くのほうにいても、もうワンワンと吠えてパッと門のところにとんできましょ。目にも耳にも、なにも聞えも見えもしないような時にとんできます。あれは六感なのですね。人間が感じている五感以上のものを持っているわけ。

なぜ六感が備わっているかというと、犬は頭を働かせて、ああしたら得《とく》をするだろう、こうしたら得をするだろうと考えていません。本能のまま、生かされているまま生きているわけでしょう。だから五感以上のものが備わっているのです。

人間にも本当は六感も七感も備わっているのだけれども、自分の肉体の想いで、目に見えなければ見えないし、聞えないものは存在しないし、さわらなければわからないと、もう思いこんでいるわけ。生まれかわり死にかわりして思いこんでいるわけです。そのために五感以上の感覚がないわけですよ。

本当は直覚といって、すべてを心でサッとわかってしまうものが誰にでも備わっているわけなのです。直覚を持っているということが、神さまの世界から、神界も霊界も幽界もずうーっと通って肉体界に同時に人間というものは存在するということなのです。この五感の世界の肉体の人間と、幽体を持った人間と、霊体を持った人間と、神体を持った人間とが肉体に生きていながらも、そのまま一直線につながっているものなのです。

肉体がなくなるということは、その肉体の感覚のところだけがなくなって、あとは在るわけですよ。神界、霊界、幽界の人間はそこに生きているわけです。そういうわけでしょう。ところがふつうの場合には、肉体だけのほうに重きをおいて、上を見ないのですよ。肉体の世界ばかり、五感の世界ばかりに把われているのです。

そこでいろいろな聖者が現われて説いた。「肉体想念を空《くう》にしなさい」とお釈迦さまはいう。老子さんは「無為にしてなせ、これをしようと思ってするのではない。あれをしようと思ってするのではない。そうやって小智才覚で、こうだああだと利害だけの、この現象世界のことだけを思っているのでは、本当の世界が自分のものにならないのだ」と説くわけです。イエスさんは「生命《いのち》を捨てざれば命を得ず――自分の生命を得ようとすれば、本当の命が失われてしまう。生命を捨てようと思えば本当の命が自分のものになる」といって、やっぱり肉体の生命というものをつねに捨てさせることを教えているわけです。

肉体に把われないことを、みんな教えているわけです。なぜそういうふうに教えるかというと、肉体に把われている以上は、永遠の生命というものがわからないのです。

生命には死はない

永遠の生命とは何かというと、神界、霊界、幽界、肉体界を貫通し、過去、現在、未来を通しているものなのです。その永遠の生命にこちらの想いがピチッと入らないと、本当の幸せがこないわけです。肉体界の生活だけの幸せなんて、たかが知れていて、生まれて死ぬまでまるまる幸せづくめに暮らしたにしても、百年ですよ。ところが百年が百年、全部幸せなんていう人はいません。必ずどこかしら幸せでないものがあるわけです。でも幸せに生きたとしても百年。あとの、無限億万年というものは、そのまま地にうずもれて、うごめいているというだけになってしまう。

ですから唯物論者というのは――共産主義者の中にも唯物論者でない人もいます――どういうことになるかというと、肉体だけ、目に見える世界、科学の世界でわかっている世界、それだけが全存在だと思っていますから、肉体が死んだら無いと思います。肉体の世界きり持っていないのだから、肉体の世界のほかの「霊光の世界？　そんなものはあるものか」「神？　そんなものはあるものか」とやっていましょう。だから、肉体が亡くなり、肉体を離れて魂が目を覚ましますね。肉体が亡くなっても意識はありますから、目を覚まします。けれど自分のいる場所はないわけですよ。死んでしまったら無いと思っているのだから、深く潜在意識まで思いこんでいるのだから、ないわけなのです。

たとえば、ここにマイクがあります。だけどマイクなんて全然ないと思っている人には見えません。見えても見えずということです。テレビで面白い時代劇をやっている。それを夢中になって見ていると、そばに誰がきたってわからない。見えません。誰がきた、なんて気にしていないから全然見えない。それと同じように、肉体の世界のほかに住む世界がない、と思っているから、住む世界がないのです。

神さまなんかない、と思っていると、神さまは大光明であり、大生命ですから、その人にとって、光もなければ生命もないわけです。住む世界もないわけです。ただ意識だけが目覚めている。意識はあるけれども、住む場所がないから全然動けない。わかりますか。

生命があるから動けるのであって、生命のひびきがないのだから、意識だけあっても全然動けない。それを地獄というのです。そういう人たちが折り重なってうごめいている。

お互いがお互いを意識しないのですよ。お互いに自分だけしかないのです。ただ必死にうごめくだけ。うごめくというのは動けない、働けないのですよ。そういう世界に長い間いるのです。そして心の底から、意識があああこれは間違っていた、私は神さまを思わなかった、とか、霊界はあったのだ、と本心に目覚めるまでは動けないのです。

ところがこれは一人では目覚められないのです。意識が固着しちゃって、潜在意識まで深く入って、無いのだ、と思いこんでいるからだめなのですよ。

たとえば、自分が王様の子であったとします。ところが自分は百姓の子だと思いこんでいる場合、いくらお前は王様の子だといわれたって、そんなことあるものか、百姓の子だと思いこんでいるから、絶対に王様の子だと思えません。それと同じように、神の子だということを知らないで、肉体の子だと思いこんでいますから、神を認められないわけです。そこでうごめいてそこにいるわけです。

これを助けるのは何かというと、兄弟とか親子、あるいは友だち、そういうものが愛の想いをさしむける、その中に宗教的な人がいて、神さま、どうぞあの人の天命が完うされますように、誰々の天命が完うされますように、と祈りますと、その光明がその人に射《さ》すわけです。光が射すと、初めてなんとなく違ったことを感じるわけです。そういう祈りを常にしていますと、その意識がだんだん何か違う世界があるなあ、何かあるなあ、というふうに感じてくる。そしてだんだんよみがえってくる。そうでもしない限りは、その唯物論者というのは救われないわけです。何千年も何万年もうごめいているのがいるのですよ。それほど神を否定した想いというのは、すごいものです。

何故執着を捨てろというのか

今度は幽界のことを思う。死んでもやっぱり人間というのは同じであろう、肉体と同じようなことをするのではないか、とただそう思っている人がいます。そうするとそれは、幽界の、肉体と同じようなことだけをするところにくるのです。たとえば執着を持っていますね。自分は大工さんが好きだったとしますと、幽界で同じように大工さんの仕事ばかりやっている。魚屋さんが好きだったとする。ピストルを撃つのが好きだったとする。そうすると死んでも幽界でそればかりやっている。自分の好みという範疇《はんちゅう》を出ないわけなのですよ。だから世界がずうーっと縮まってしまって、広い範囲で神さまの世界に行かないわけです。

そこで、自我を捨てる、自分の想いを捨てるということを、宗教家は説くわけです。自分はこうなのだ！　と思っている以上は「こうなんだ」以上は行かないのです。よく私は仙人の話をするでしょう。仙人というものはある修法があって、その修法の通りに修行しなければいけないものと思いこんでいる。だから修行しないではいられないのです。

肉体の執着も何もないのだから、本当は相当高い境地にいなければならないのに、ただ、こういう修行をしなければならない、という想いがあると、つねにその修行をしておりまして、それ以上に自由自在な、無礙《むげ》自在な仏《ほとけ》の世界に行かれないのです。役行者《えんのぎょうじゃ》のようになると自由自在になって、そういう把われがなくなっているから仏さまです。神界で縦横に働いています。そこまで行ければいいけれども、一つのものを持っていると駄目なのです。

消えてゆく姿のあとに現われるもの

ですから、どんなに智恵や才覚があろうとも、自分はどんなに利口だと思おうとも、どんなに自分に地位や財産があろうとも、そんなものはもうたかのしれたもので、宇宙の大智恵からみれば、たかのしれたものだ、ということを知らないといけないですね。

私なども自分でさんざん修行しましたでしょう。自分の智恵、才覚というのは問題にならないとわかりました。私は若い頃、霊魂があるなんて思っていなかったのです。神さまがあるということは小さい時から信じています。私の母は真宗の信者で、年中、南無阿弥陀仏ばかりやっていまして、私は赤ん坊の時から南無阿弥陀仏を聞かされていました。南無阿弥陀仏は頭の中に入っていますから、仏さまがあるということはわかっている。仏さまがあるというのは神さまがあると同じです。だから神さまは否定しないけれども、霊魂が肉体のなくなったあとも、そのまま存続するというのは思っていなかったのですよ。ところが自分の修行が始まったでしょう。そうしたら、あるも無いもない、すっかり体全体でわからされた。霊魂もあるし、神さまもあるとハッキリ悟らされた。

それで、自分の肉体の中で思ってもいないことがパアッとわかってくる。思ってもいない言葉がパアッと出てくる。そして、この肉体以外のことがわかってきたのです。しかしそれだけではだめなのです。それだけだと幽界のものと神界のものとが区別がつかないでしょう。

自動書記で、自分は弘法大師だ、自分は聖徳太子だ、自分は何々の神だといろいろ出てきた時期があります。ところが出てくるものさえも私は全部否定してしまったのです。どんな神さまが出てこようと、どんな仏さまが出てこようと、どんな霊光がみえようと、そんなことはどうでもいいのだ、自分が立派になることだけ、自分が愛深い人になるだけだ、自分の行ないだけがすべてなのだと思ったのです。

自分の行ないがすべて自分の地位を決定する。自分の魂の場所も決定するのだと思ったわけです。そこから消えてゆく姿という教えが出てくるのです。仏さまが見えようとも観音さまが見えようとも、すべては消えてゆく姿、自分の行ないだけがすべてなのだ。そういうふうに思うようになったのです。

そうして、昔の五井昌久のような性質にもどったけれども、実は中身としては、三六〇度一回転してしまって変わった自分なのです。でもはたから見れば同じに見える。おかしな振舞いもしません。初め修行途中では、誰か人が私を見ていたって、私は知らん顔して向こうを見ているのです。霊界の人と話をしているから、肉体の人が話しかけたって、そんなのは問題ではないですよ。こっちが見れども見えず、聞こえないのですよ。そうすると「五井君は気違いになっちゃった、わしが何をいっても聞こえない」「昔の五井さんはよかったのに、なんて変になったのだろう」と友だちや知人が思ったわけです。少しおかしい立場、気がおかしくなったみたいだったでしょう。

それを通り越してしまって、三六〇度まわった五井昌久になったらば「ああ昔に帰った、直った」と人は思った。ところが普通の人に直ったのでなく、まるっきり変わってしまって、五井昌久という個性的なものが出てきたわけです。個性も単なる個性ではなく、神のみ心をそのまま現わした個性なのです。前は人間の五井昌久という一青年、ところが三六〇度まわって同じように現われたものは、神のみ心をそのままに体して現われた五井昌久。まるっきり違うのです。

把われさせないコトバ

みなさんにも肉体の何の誰々という自分なんていうのは、ほんのちっぽくさいものだから、どんなにうまいことを考えたって、どんなうまいことをしたって、地位があろうと金があろうと、才能があろうと、そんなものはたかがしれているのだ、天にいる本当の自分、神界に働いている自分の力がそのまま現われなければ大したことじゃない——と一遍、肉体の自己を否定しないといけません。そうしますと、今度は把われのない、力強い、明るい、幅の広い、要するに神界の自分がそのまま現われてくるわけです。それが空即是色です。

色即是空、空即是色というのは、ここに現われているものというのは、本来は無いもので空なのだ、実在しているように見えるけれど、それは現われているだけで、本当は空なのだ、というのが色即是空でしょう。その空になった時、初めて本当のもの、本当の色が現われてくるのだ、という「色」は神界のすべてのものなのですよ。だから〝空〟と切って初めて、自分の本当の神さまの姿が現われてくるわけですね。それで空の境地というのは大事なわけです。

といっても空になかなかなれないから、私は把われを徐々に離してゆこうと思って、たとえば悪いことが出てこようとも、それは過去世《かこせ》の因縁の消えてゆく姿、いいことが出てこようとも、それは過去世の因縁の消えてゆく姿、すべて過去世の因縁の消えてゆく姿なのだというわけです。それで把われさせない。

想いをそれでどこへ持ってゆくかというと、世界平和の祈りに持っていっちゃった。世界平和の祈りは人類愛の想い、すべての人の悲願ですよ。すべての人がこうなければならないと思っている想いが、世界人類が平和であるということでしょう。そこにすべての想い、すべての現われをみな持っていってしまったわけですよ。そうすると今度自分は――それは神界からの自分でしょう。

愛と真の行ないを

すべての人を愛せるのは、神さま以外にないわけです。すべての人類を愛するということは神の心と同じです。その想いの中に入ってしまうので、自分の細かい、小さなものはなくなって、神界にある自分がそのまま出てきている。知らないうちに出てきているわけです。それが世界平和の祈りなのです。

そうすると、今まであまりよくない頭だったとする人もサアーッとひらめいてきます。今まで勉強したことがみんな蘇ってくる、新しいものは火がつくように入ってくる……ということになるのですよ。

やっぱり己れを捨てなければだめだ。自分の肉体のことだけガチャガチャ思っていてはだめ。勿論、肉体の生活を一生懸命やらなければいけません。当たり前のことは当たり前にやるのだけれども、自分が偉いとか、自分がだめだとか、自分で決めてはいけません。「私はだめな人間です」というのもダメ。「私は偉い人間だ」というのもダメ。そんなのは自分が勝手に決めているのであって、神さまのほうから決めているのではないのです。

たとえ学問はできない子がいたとしても、魂は立派な魂もあります。秀才であってもゲバ棒ふるっているバカもある。そんなものは神さまの世界から見たら大した違いはないわけです。一番大事なことは何かというと、愛と真《まこと》です。人を愛すること——自分のためだけでなくて人のためを思ってやること。

勉強するにしても、学問するにしても自分のためだけではなくて、何か人類のために私が役立つように、役立つ人間でありますように、というので学問をすれば、その学問は大きく生きてゆきます。「どうか私の生きている間は、一人でも多くの人のためになりますように、そのためにどうか私に学問を授けて下さい」という気持ちで学生は一生懸命勉強するのですね。そうすればいい学校にも入れるし、いい友だちもできるし、いい先輩もできる。そういう生き方をしていきましょうね。

（昭和46年6月）

十、質疑応答

問 空《くう》と無《む》と零《ゼロ》の違いについてお教え下さい。

答 むずかしい質問ですね。一つだと言えば一つです。一つではあるけれども、使い方が違うのです。空《くう》というと空だけで、他には何もないのです。無《む》というと、無に対する有があるわけです。有を消すための無ですから相対的になっている。空ということは絶対なんです。対照するものがないんです。零《ゼロ》というのは無よりも空に似ています。けれど零になったら一が生まれるのではないのです。空になったら生まれてくるものはあるのですが、ゼロはいつまでたってもゼロなんですよ。言葉をかえれば、ゼロはすべてを消してしまう。実相までも消してしまうのです。だから厳密にいえば、空と無とゼロは違うのです。

空は絶対であり、空の中からあらゆるものが生まれてくる。無というのは無と有があるから相対的になってしまう。ですから一番深いのは空なのです。空にしても空の奥の、また奥のまたその奥の空とあって、その深い空になったら実相が生まれてくる。本当の姿がそこから出てくる。

空というのは実はすごい言葉です。私が修行中にいろんなことをしましたが、私が悟ってしまうとカルマが働けない、魔が働けないというので業《ごう》想念が邪魔するわけです。それでいろいろなものが来て私を邪魔しようとしました。その時私は何をいったかというと、腹の中で「空《くう》ー!」って空の気合をかけた。空《から》っぽの空だから何もない。障《さわ》るものが何もないから、ピュッと取れてしまうのです。

ところが自分の中に業想念がありながら、空になったような恰好をして坐っていると、天魔に魅入られるというか、自分の潜在意識の中にこうしてほしいんだ、地位が欲しいんだ、権力が欲しいんだ、力が欲しいんだ、という想いがありますと、それにひっかけて来て、幽界の生物が神さまのような恰好をしてくる。そして〝お前は偉い〟〝お前は地上唯一の菩薩だ〟と私もいわれたこともあります。しかし私はそんなものをみんな吹きとばしました。〝お前は八幡大菩薩の化身だ〟とか〝お前は日蓮の化身だ〟とかいろんなことをいわれて、そうかな、と思う時はもう空ではないんです。お前の心境はすごい、といわれても「空！」とやるんですネ。そうするとスパーッとはなれていきます。これを何遍もやっていると、本当に空になって神の力が出てくるんです。

私なども何遍もそれをやりました。それで今日になったのです。お釈迦さまは般若心経で「色即是空、空即是色」と説きましたが、空というものは素晴らしいのです。しかし本当の空になるのは大変なんで、そこで消えてゆく姿を私が使っているわけです。人にほめられたのもそれも消えてゆく姿。お前は観世音菩薩の化身である、といわれても、それも消えてゆく姿、何か見えてくる、それも消えてゆく姿。全部消えてゆく姿に否定すると、知らないうちに、神の生命がそのまま現われた空即是色と同じような状態になるわけなのです。

私は一遍に空というよりも、梯子段《はしごだん》をかけて、知らないうちに消えてゆく姿、消えてゆく姿とやっているうちに、だんだん高い所へ行って、空と同じような、仏さまと同じような境地になってゆく、そういうことを私は教えているわけです。

空というのは最後の究極なんです。空になると空即是色とひらいて、本当の実体、本心がそのまま開いてくる。それをお釈迦さまが教えたわけです。しかし今の時代になかなかそう出来ないから、私のような人が現われて、消えてゆく姿で世界平和の祈りを教えているわけです。

問 **昔の講談に柳生十兵衛が気がおかしくなった時に、沢庵禅師が歌を書いて渡したという。〝闇の夜になかぬ烏の声きけば生まれぬ先の父母ぞ恋しき〟という歌を書いて渡したところが、それを考えているうちに頭の狂ったのが直ったという話ですが、何か深い意味があるんでしょうか?**

答 ありますよ。なかなか面白いと思いますね。闇の夜になかぬ烏《からす》の声きけば、ということは声がないんですよ。無という意味です。生まれぬ前《さき》の父母ぞ恋しき、というのは父母がわかったということでしょう。生まれぬ前の父母というのは神であり仏のことをいうんですね。ですから自分の本体がわかるということです。無になれば、すべてのことがわかるんだ、お前の行く道がわかる、お前の天命がわかる、お前の本性がわかるんだ、ということをいったわけです。それをじーっと考えているうちに無になったんです。要するに無為になった、そこで悟ったのです。うまいことを歌でいいましたね。

闇の夜になかぬ烏の声きけば……何にもないじゃないですか（笑）。だから他の言葉だっていいんだけれども、いかにも烏は黒いし闇は黒いし、闇の中で烏が鳴かないでいたら見えやしませんですよね。それは無ということなんです。

無の心になると自分の本心がわかってくる、というふうに説いたのですね。なかなか沢庵さんも味がある。昔の禅宗の坊さんなどは、そういう歌を作ってはみんなに示したわけです。これで〝そもさん〟って問答をした。題を出しては弟子をためすわけです。指をたててわかれとかね。そのお師匠さんの形だけを真似て、指を切られちゃう弟子がいますが、切られて、ハッと悟った人もあるのです。そうかと思うと、お師匠さんと弟子がなぐりあって、悟ったりする。

現代ではそういうことをしたら、みんな弟子がいなくなっちゃいます（笑）。それではいけないから、ちゃんと理路整然と説かなければならない。だから現代のほうがむずかしいです。

言葉でわからせるよりも、行ないでわからせるほうが本当はわかりやすいんです。けれど生《なま》じっか現代は言葉が多いから言葉でわからなければ、わからないような習慣になっていますでしょ。だから言葉でわからせるようにしているわけ。

私はどんな質問をされても、即座にスーッと智恵が出てくる。それは空になっているからです。私のうしろに学者もいれば賢者も聖者も一杯いるのです。アシスタントじゃないけども、応援者が一杯いるんです。何か問題が出ると「その問題は私の役だ」「よし、わしの番だ」とパッと出て来てしゃべってくれるから、こっちは空っぽになっていれば、チャンと答が出てくる。

みなさんも、なかぬ鳥の声きけばじゃないですけど、無為にしてなす、空の心境にいつもなっていれば、こうなければいけないとか、あれはいいとか悪いとか、そういうふうに一々大したことでもないのに、俺の顔をたてなかった、俺に一言もいわなかった、とか会社などでよくありますが、そんなくだらないことはどっちでもいい。仕事さえすればいいんです。いい仕事が出来てみんなが救われればいいのに、みんなのためになればいいのに、俺のハンを押さないで、俺にいわないでした、けしからん、オレはなんだ、という。それを小人《しょうじん》というんです。アイツは愛想が悪かったから、ハンを押してやるものか、今日は出来ませんよ、といって返してしまう。役所などにいくと、書類が山とつんであるそうです。三年も五年もたまっているのが随分あるようです。つまらない小人根性でやらない。

いつも空っぽの心、空の心でいれば、スースーと仕事が出来、智恵はいくらでも出て来ます。人の十倍、百倍、万倍出て来るわけです。頭の中でガチャガチャと、あいつがなんだ、こいつがなんだ、なんていうことはキッパリ消えてゆく姿にして、平和の祈りの中で生きてゆくんです。そうすると自然に力が出て来ます。

老子は無為にしてなす、といい、お釈迦さまは空になれ、といい、キリストはみ心のままに、といっています。すべてまかせるということが人間の生きる最上の道であるわけです。どこにまかせるかというと、神さまのみ心の中にまかせる、頭のゴチャゴチャは消えてゆく姿として、世界平和の祈りで、神さまの中にそのまま入ってしまうわけです。

小さな小さな心にならないで、自分は世界人類を救う一つの大きな役目を持っているんだ、自分たちは世界人類を平和にさせるための天命を持っているんだ、というように大きく考えて、枝葉のことはどうでもいいから、大きな心になってやって下さいね。今の歌ではありませんが、なかぬ鳥の声をききましょう。

問 空、無想《むそう》、無作《むさ》という言葉がありますが、どういう意味でしょうか？

答 簡単に答えましょう。無想《むそう》というのはこうなければいけない、こうしなければいけない、ということを思うな、ということ。想わないということです。無作《むさ》というのは構えてはいけない、ということで、無想も無作も否定ですね。ところが空は否定でもなんでもない。絶対なんです。空が元にあるわけです。

チョコチョコと小智才覚を働かせるな、ああしてはいけない、こうしてはいけない、構えるな、空になれ、というわけです。三段階になっています。ところが本当は、そこに消えてゆく姿が入らないと、空までなかなかいかない。消えてゆく姿をハッキリ使ったのは私以外にはないんです。消えてゆく姿を世の中に出したこと、守護霊守護神をはっきり世の中に出したこと、それは私を使っている神さまの大きな働きです。

だから無想無作の所に更に消えてゆく姿をつけて空になれば、それは完全なる悟りの姿です。悟りに行く道です。

問 **〝うつるものおのずうつりておのず消ゆ己れは澄みてただひそかなり〟というお歌のみ心を教えていただきたいと思います。**

答 これはどういう歌かというと、私の心境なんです。皆さんもこうなったほうがいい。というのは、この世に現われてくるものはみんなうつるだけなんです。この世は現世《うつしよ》、浮世ともいい、肉体は現身《うつしみ》ともいいます。ただ現われているにすぎない。この肉体というものは実在じゃないんです。

実在はなにかというと、神のみ心そのもの、神の子である霊、神霊が実在であって、神霊波動がここに現われている。神霊波動がまっすぐ現われていれば、これは文句なく人間はみんな神の子で立派なんだけれども、神霊波動が神界から肉体界に現われるまでに、波動が随分違ってくる。微妙な波動なのに肉体界でずーっと粗い波動になる。

たとえば歩いていけばここから大阪へいくのでも何日もかかる。それがジェット機で行けば僅か一時間かそこらで行っちゃう。それだけの違いがある。本当の世界では一瞬にしてすべてが善である、すべてが完全なわけなのが、肉体の世界では完全にまで歩みを進めるためには、何十年何百年何千年とかかる。歩みが遅い、波動が粗いから遅いわけです。ピューウとスピードが速くない。

本当は人間の本性は完全なんだけれども、この現われの現身の世界では不完全なんです。やがて最後に完全になるけれども、完全に到達するまでは不完全です。不完全なものはあくまでも不完全だけれども、それは現われてくるだけでどんどん消えてゆく。消えてゆくと本質がそのまま現われる。ちょうど舞台に幕を引いているみたいなもので、幕の外から見ていればなにも中が見えませんけれど、幕を開ければ中の本当の姿が見えてくる。幕を開けなければ完全な姿は見えない。

だから、うつるものは自然の法則で自《おの》ずから消えてしまうんです。うつるものおのずうつりておのず消ゆ、なんです。本当の自分はただ光り輝いているものなのです。これは私が体験したことです。うつるものに把われないでうつらせておけばいい。病気が出たら病気が出るような原因があったわけ。前の世と今生《こんじょう》の生き方想い方で病気になってくるんだから、ちゃんと対応処置をとっておきさえすればいいんで、心が怯《おび》える必要はない。心が怯えないためにもその病気に把われちゃいけないということです。

それがちゃんとわかって悟っている人は把われないんです。病気とか痛いのは嫌です。だけど嫌だ嫌だと思わないで、痛いな、嫌だナと思うけれど、それだけなんです。うつるものはうつるまで去らしてしまう。ところが下手な人、悟らない人は病気とか不幸とか嫌なことが現われると、摑んじゃって嫌だ嫌だと放さない。放さなけりゃいつまでもうつっている。放しさえすればどんどんうつって消えちゃう。消えるに従って本当の自分の真我というものが現われてくる。真我は静かに輝いている。

昔から仏教では「把われるナ、空になれ」というけれど、言葉では易しいけれど、実際に行なうためにはなかなか難しい。

そこで私は把われてもいいというんです。怒りに把われる、恐怖に把われる、嫉妬に把われる、憎い想い、悪いことに把われる。把われたら把われたものをそのまま平和の祈りの中に持っていきなさい。世界平和の祈りをしていれば、把われを世界平和の祈りの光明波動で消してくれる。把われちゃいけないといっても把われる。人間は聖者ばかりじゃないから把われても仕方がないから、把われたらすぐ平和の祈りをしなさい、平和の祈りの中で洗濯しなさい、とこうやって教えている。わざと教えを下げているんです。

お釈迦さまが現われキリストが現われてもこの世界があんまり幸せになっていない。なぜかというと難しすぎた。あんまり真理が高すぎて現実が低く離れすぎているからどうしても出来ない。空《くう》になれ、無為にしてなせといってもなれません。そこで私が消えてゆく姿で平和の祈りという梯子《はしご》をかけ、エレベーターを作って、さあ消えてゆく姿ですよ、ああこれは消えてしまった、これで良くなるんだ、とやっているうちに知らないまに空の世界に到達しちゃう。そういうふうに梯子段あるいはエレベーター、エスカレーターをつけている。

だから消えてゆく姿で平和の祈りさえやっていれば、あんまり他のことを考えなくても自ずから自分の幸せはくるんで、あまり考えて考えに把われると、またそこでもたもたします。考えて考えて考えに把われたら、把われた想いをまた平和の祈りの中へ入れる。また把われたら平和の祈りの中へ入れる。そうやっているうちに、把われが千のものが百になり、百のものが十になり、十のものが一になってくるということで、それで把われがなくなります。

霊界へ行っても自由自在になります。肉体界は把われることが多い。しかし、霊界へ行きますと、パッと把われがなくなります。それは守護霊守護神がもっと身近になりますから。

問 **祈りに住して祈りに把われず、というお言葉がありますが、その把われる祈りということについてお教え下さい。**

答 光に住して光に把われず、祈りに住して祈りに把われず、というのは『老子講義』の中にあります。

祈りに把われるということは、例えば九時とか十時とかにお祈りするって自分で決めている場合があります。お客がきて祈れない場合、お客がこなければよかった、祈りが出来なかった、ああ祈らなけりゃいけなかった、というのは把われです。自《おの》ずから祈れる時に祈ればいいわけで、形は一応は決めても、決めたからそこで必ず祈らなけりゃ、祈りを邪魔する奴はみんな敵だなんて思うと、祈りに把われている。

それから祈り方が悪かった、どうも祈りに心が入らない、今日は平和の祈りをしてもなんだか心が把われて祈りが出来ない、うまくいかない、といって祈りのうまくいかないことに把われる。祈ったからもういいや、あとなにもいいことしなくたって祈りだけでいいんだ。祈ったんだから形の世界でいいことしなくてもいい、とこういうのも把われです。

祈っているからいい、という心、祈りがうまくいかないから駄目だ、この時間に祈らなきゃ駄目だ、今日は祈りが少なかったからいけない、とかいちいち把われると折角の祈りが無駄になる。

祈りというのはどういうことかというと、心がスッキリするために祈るんです。祈りはなぜするかというと、神のみ心がそのまま現われるために祈る。だから神のみ心を邪魔するようになるんじゃ祈りになりません。祈りをするためにかえっていらいらするようだったら、それは神の心を乱す、祈りに把われることになります。

祈って祈りに把われず、自然に流れてくる祈りになってこなきゃいけないわけです。自ずから祈る。祈る自分と中から生命が溢れ出てくるものと合体している。こちらは意識的に祈る、中から祈りが溢れ出てくる、そういうのが合体してスーッと統一してくるんです。そういう状態が本当の祈りなんです。

それから光に住して光に把われず、というのもあります。例えば統一すると光が見えることがあります。そうすると、光を見たことが嬉しくてしようがない。ああ光が見えた、私もやっと霊眼が開いた、と思う。それはいいんですが、今度はまた光を見なけりゃと思ったりすると把われになるんです。

神さまはなにを教えようと思っているかというと、この世の想いというものを一遍すべて消してしまいたい。お釈迦さまがいうように空《くう》にさせたいんです。空になりますと、本当の神の子の姿がそのまま現われてくるんです。ところがなかなか空になれないってことは私もよく知っています。私はさんざんそれを練習して苦しんだから。想念停止というものをやってさんざん苦しんで、私は出来た。独り者だったし、信念が大分違いましたから出来たんだけれども、普通の人はやれっていってもなかなか出来ません。

そこで私は消えてゆく姿にしたんです。あらゆるものに把われない。善にも把われちゃいけない、悪にも把われちゃいけない、みんな消えてゆく姿で全部否定してしまいますと、中から本当に力が出てくるんです。

断食して病気を治したりします。どうして断食するといいかというと、今まで中の力がいろんな食物をこなすために分散して働いていた。だから力が弱くなっている。それが断食しますと食物に対する働く力が全面的に働くんです。働きが強くなり、食物に対して把われがなくなるから悪いところが治ったりするんです。それで断食をするわけ。だからあらゆる面で把われないということが一番いいんです。

剣道をやっても相撲をやってもそうです。大横綱、名力士といわれる人でも、把われちゃって、力があるのにモタモタしてやっと勝つということがありましたけれど、把われると筋肉が緊張しちゃって力が出ない。拳闘《ボクシング》でも倒そう倒そうと思うと駄目。スポーツの面でも生活の面でもそうです。把われたら善であってもそこで力が出なくなるんです。そこで善にも悪にも把われるなということになるのです。

それには消えてゆく姿という教えが実に有効に働きます。ああこれも消えてゆく姿なんだナ、と一遍消えてゆく姿にすると、中からやらなきゃならないことがズーッと出てくるし、自ずから力が湧き上がってきます。

把われたら私の仕事は出来ません。ああ、かわいそうだナ、ああしてやりたいナ、とこの世の今の目の前のことに把われたらもう答えは出ません。そういうものなのです。いつでも空《から》っぽになっていなけりゃならない。大勢の人がくるのに、前の人が質問した、それが大変な問題とします。そうすると、ああ、あの人可哀想に、なんて思って次の人がきた時に、あの人可哀想に、なんて前の人の答え教えちゃったら大変です。だから一つ一つスパッスパッと、それこそ〝うつるものおのずうつりて……〟で、みんなその場その場で処理していかなけりゃならないんです。一問一問全部処理して頭を空っぽにしておかなけりゃ駄目です。把われがあると本当の指導が出来ないと同じように、あらゆる生活において、善でも悪でも把われたら駄目ということです。

問 祖先の因縁で自分が苦しむということはあるのでしょうか?

答 祖先が悪いことをして、それで子孫の自分が苦しむとは何事だ、私は祖先なんか知らん、という人もあるでしょうね。祖先の因縁で自分が苦しんでいる、という言い方が少しおかしいからね。

祖先の因縁で苦しんでいるのではなくて、自分の因縁で苦しむのです。自分に現われて来ている悪い運命というものは、すべて過去世の自分の悪いことなんです。人の想いを背負うんではありません。自分のものを自分が果たすのです。だから祖先が迷っているその迷いで、自分が迷っているのではないのです。自分が犯した罪が自分に返ってくる。これは絶対の法則です。人の罪が自分にかかってくることは絶対にないのです。人の罪がかかってくるように見えるけども、実は自分が過去世において犯したものが、自分に返ってくる。

だから祖先が迷っているから、自分が苦しむということはないのです。自分が悟れば祖先の迷いなんてありゃしない。

私は皆さんの苦しみを背負います。皆さんが苦しんでいる。悩んでいる。一緒に苦しんで悩んでいるように見えるけれども、私は苦しんでいませんよ。心はいつも澄んでいる。心はいつも明るい。それと同じように、自分が苦しんでいることは、自分の業《ごう》なのです。前生の因縁でもって苦しむのです。苦しむ業のない人は苦しまないんです。同じ立場になっても、同じ環境になっても、苦しまない人は苦しまない。苦しむ人は苦しむのです。苦しむという業を持っているわけ。それを越えなければいけません。それが宗教なのです。

祖先が自分か、自分が祖先かというと、祖先の中に自分もいます。いたわけです。何遍か祖先になって生まれて来ています。だから祖先の中に自分が何人かいるわけです。しかし、祖先というのは自分自身ではありません。やはり祖先は祖先で違うものです。もっと深くいえば、全部自分です。もっと深くいえば自分一人きりしかいないんです。けれどそういう言い方ではなくて、当たり前の言い方をすれば、祖先の中に自分は何人かいる。しかし祖先が全部自分というわけではありません。そこでもう一回言いますが、祖先が迷っていて自分にかかってくる、と言うけれど、それは違うのです。自分の中にある想い、業《ごう》を消すために神さまが、そうやってかかったような形でもって消してくれているわけです。だから何ものもかかるものはありません。自分の想いが消えてゆく姿として現われて来ているのです。消えてゆく姿として現われて、消えてしまい、光り輝いてしまえば、祖先が迷っているも、へったくれもありませんよ。みんな輝いてしまいます。それで一人出家《しゆつけ》すれば九族救わる、と言うのです。出家ということは悟るという意味なんですよ。いわゆる肉体の業生《ごうしよう》の世界を出る、業生の家を出てゆくというのが出家です。坊主《ぼうず》になることが出家したんではないのです。

皆さんはそう意味で、出家している人が随分あるわけ。業生の世界をぬけ出してゆく。火宅《かたく》の世界を出てゆく。そうすると悟ったわけね。そうすれば九族が救われるのだ、というのだから、祖先が迷っているもへったくれもあるものですか。そんなことみんな自分の責めです。わかりますね。その責めさえも消えてゆく姿で世界平和の祈りの中で、みんな神々が消して下さるのだから、すべて神々に全託して、世界平和一念にやっていれば自分も救われる。いわゆる祖先が迷っているというのも救われるわけです。

祖先の業《ごう》で自分が苦しんでる。祖先のやつが、バカどもがオレを苦しめやがって、と思う人が随分あるんです。そういう言い方をするから「そんなことはないんだ、自分が苦しむのはすべて自分に原因がある。自分のことは自分です。人のせいではない」と私は言うわけです。どんな苦しみがあっても、人のせいのように見えても、それは人のせいではなくて自分のせいです。そう思わないと宗教の道ではないんですよ。いいことは自分がやってやったんだ、私がやってやったからあの人はよくなった。悪いことはあいつがやったからだ、あいつのせいだ——これでは全く反宗教的なのです。宗教精神ではありません。

著者紹介：五井昌久（ごいまさひさ）
大正５年東京に生まれる。昭和24年神我一体を経験し、覚者となる。白光真宏会を主宰、祈りによる世界平和運動を提唱して、国内国外に共鳴者多数。昭和55年８月帰神（逝去）する。著書に『神と人間』『天と地をつなぐ者』『小説阿難』『老子講義』『聖書講義』等多数。

発行所案内：白光（びゃっこう）とは純潔無礙なる澄み清まった光、人間の高い境地から発する光をいう。白光真宏会出版本部は、この白光を自己のものとして働く菩薩心そのものの人間を育てるための出版物を世に送ることをその使命としている。この使命達成の一助として月刊誌「白光」を発行している。

白光真宏会出版本部ホームページ　https://www.byakkopress.ne.jp
白光真宏会ホームページ　https://www.byakko.or.jp

空即是色――般若心経の世界

平成六年二月二十五日　初版
令和三年一月十五日　十版（改訂）

著者　五井昌久
発行者　吉川譲
発行所　白光真宏会出版本部
〒418-0102　静岡県富士宮市人穴八一二—一
電話　〇五四四（二九）五一〇九
ＦＡＸ　〇五四四（二九）五一一二
振替　〇〇一二〇・六・一五一三四八

印刷・製本　大日本印刷株式会社

乱丁・落丁はお取り替えいたします。　d2
定価はカバーに表示してあります。

ISBN978-4-89214-219-2 C0014

人間と真実の生き方

「人間は本来、神の分霊《わけみたま》であって、業生《ごうしょう》ではなく、つねに守護霊《しゅごれい》、守護神《しゅごじん》によって守られているものである。

この世のなかのすべての苦悩は、人間の過去世《かこせ》から現在にいたる誤てる想念が、その運命と現われて消えてゆく時に起る姿である。

いかなる苦悩といえど現われれば必ず消えるものであるから、消え去るのであるという強い信念と、今からよくなるのであるという善念を起し、どんな困難のなかにあっても、自分を赦《ゆる》し人を赦し、自分を愛し人を愛す、愛と真《まこと》と赦しの言行をなしつづけてゆくとともに、守護霊、守護神への感謝の心をつねに想い、世界平和の祈りを祈りつづけてゆけば、個人も人類も真《しん》の救いを体得出来るものである」

世界平和の祈り

世界人類が平和でありますように
日本《にっぽん》が平和でありますように
私達《わたくしたち》の天命が完《まっと》うされますように
守護《しゅご》霊様《れいさま》ありがとうございます
守護《しゅご》神様《じんさま》ありがとうございます

この祈りは五井《ごい》先生《せんせい》と神界との約束事で、この祈りをするところに必ず救世《きゅうせ》の大光明《だいこうみょう》が輝き、自分が救われるとともに、世界人類の光《こう》明化《みょうか》、大調和に絶大なる力を発揮するのです。